中国武术文化学校传承研究

宿继光 著

山西出版传媒集团

山西人民出版社

图书在版编目（CIP）数据

中国武术文化学校传承研究 / 宿继光著. — 太原：
山西人民出版社，2023.1
ISBN 978-7-203-12508-2

Ⅰ.①中… Ⅱ.①宿… Ⅲ.①武术－体育文化－文化
研究－中国 Ⅳ.①G852

中国版本图书馆CIP数据核字（2022）第242882号

中国武术文化学校传承研究

著　　者：宿继光
责任编辑：靳建国
复　　审：冯　昭
终　　审：李　颖
装帧设计：张慧兵

出 版 者：山西出版传媒集团·山西人民出版社
地　　址：太原市建设南路21号
邮　　编：030012
发行营销：0351-4922220　4955996　4956039　4922127（传真）
天猫官网：http://sxrmcbs.tmall.com　电话：0351-4922159
E－mail：sxskcb@163.com　发行部
　　　　　sxskcb@126.com　总编室
网　　址：www.sxskcb.com

经 销 者：山西出版传媒集团·山西人民出版社
承 印 厂：天津中印联印务有限公司

开　　本：710mm×1000mm　1/16
印　　张：12
字　　数：200千字
版　　次：2023年1月　第1版
印　　次：2023年1月　第1次印刷
书　　号：ISBN 978-7-203-12508-2
定　　价：69.00元

序

　　宿继光博士长期致力于中国武术文化学校传承研究这一对中国武术发展具有重要意义和价值的课题，形成了一系列具有较大影响力的研究成果，现今其研究成果即将付梓，作为宿继光的博士研究生导师，我高兴之余，更有许多感想涌上心头。清人王国维认为，一个人的成就之路都需要经过三个境界，即"昨夜西风凋碧树，独上高楼，望尽天涯路""衣带渐宽终不悔，为伊消得人憔悴""众里寻他千百度，蓦然回首，那人却在灯火阑珊处"。宿继光读博期间亦可谓艰辛备尝，回眸望去，应是痛苦之中的幸福，泪水与汗水交融，满满收获。正如古语所云："不经一番寒彻骨，哪得梅花扑鼻香！"

　　禅宗六祖惠能大师曾言"迷时师渡，悟时自渡"。作为宿继光博士呕心沥血、历数年方最终完成的研究呈现，《中国武术文化学校传承研究》的出版是对中国武术文化深入研究的一次新的思考，是对中国武术教育如何更好发展的新的开拓，其最重要的意义在于将中国武术发展中的文化与教育形成了逻辑思考的融合，在于将中国武术从故往的技术层面的传播上升为文化层面的思考，就此而言，该研究无疑是对中国武术当代发展的有力推动，研究成果的最终付梓也将对学校武术文化传承、学校武术文化传承者和研究者具有相当的启发和参考价值。总而言之，这一研究成果多方位系统性、集中性的全面呈现将为中国武术文化、中国学校武术教育提供新时代的有益思考。

　　其一，学校武术文化传承的愿景得以充分凝练。武术的本质特点是什么？学校武术文化传承的价值在哪里？这两个问题是武术理论界和学校武术文化传播者长期以来非常重视的问题。遗憾的是，理论的灰色特点以及历史演变的复杂性使得人们对这两个问题的认识并没有达成一致和清晰的认识。如果说，武术的本质特点是技击格斗，但现实中的所谓武术技击高手却无处寻觅；如果说武术的本质特点是套路演练技艺，但武字的意思却是"止戈"！如果说武术在学校的传承价值在于增强学生体质，但是，与现代体育运动相比，武术的健身价值又优越在哪里？如果是传承武术的攻防格斗技能，那么武术的攻防格斗与西方的拳击、日本的柔道、巴西的柔术、泰拳等其他国家的格斗术相比，又具有什么特殊性需要传承？这些问题迫使作者从前人大量的研究文献中抽丝剥茧、探骊得珠，结合理论思辨给出逻辑自洽的回答。

其二，我国学校武术文化传承堪忧的实然状况得到全面概括。武术作为中华优秀传统文化的重要组成部分，其构成不仅有"未曾习武先学礼，未曾习武先习德""武德比山重，名利草芥轻"等大量武德教育的文化，还有诸如"内练一口气，外练筋骨皮""心与意合、意与气合、气与力合，手与足合、肘与膝合、肩与胯合"等丰富的武术习练法则文化。除此之外，还有众多的武术徒手套路、器械套路、练功器械与方法等有形文化内容。但我国学校体育中开设最多的运动项目基本上是现代奥林匹克运动中的一些项目，各个层次学校中武术文化的教学内容仅仅剩24式太极拳、五步拳或三路长拳等几个非常简单的套路而已。中国学校武术文化的传承堪忧！

其三，学校武术文化传承的创新路径得以实现。诊断我国学校武术文化传承堪忧的原因，可以概括为中西体育文化发展的不和谐所致。不和谐表现为西方体育成为学校体育的主流，中国传统体育在学校不够重视。形成这一局面的外因来自奥林匹克运动全球化的发展趋势，正所谓符合"道生之，德蓄之，物形之，势成之"的客观规律。现代奥林匹克运动所崇尚的"更快、更高、更强、更团结"的价值观无疑为满足人类和平、竞争、团结、友谊、进步的共有需要提供了样板和示范，只要有人类社会的存在，对该价值的追求当不会过时。其内因来自对中国传统武术文化的自信力缺失和现代化改造不利。中国传统武术文化的现代化改造不利导致武术无法与现代奥林匹克运动规范接轨，只有客观辩证地认识中国传统武术文化的特点与价值，才能恢复我们原本应该具有的自信力；只有守正创新，对中国传统武术文化进行现代化改造，才能使得中国传统武术文化老树生新芽，在世界体育舞台上绽放光彩。

当下的中国进入全面复兴优秀传统文化的新时代，习近平总书记在《论党的宣传思想工作》一书中指出，"中华优秀传统文化是我们最深厚的文化软实力，也是中国特色社会主义植根的文化沃土"，并要求中国传统文化研究要"延续历史文脉，坚定文化自信，为实现中华民族伟大复兴的中国梦凝聚精神力量"。繁花盛景之下，学校武术文化的传承迎来了中国传统武术文化发展的伟大时代，中华优秀传统文化必将为世界人民所共享，成为人类文化命运共同体建设当中的中坚力量，我们也必将会迎来中华优秀传统体育文化的美好明天。

唯望《中国武术文化学校传承研究》的出版能够为美好明天的到来尽绵薄之力！路漫漫其修远兮，我也希望宿继光博士能够执着于艰难的学术探讨，在学术研究的漫漫征途中披荆斩棘，取得更多的高层次学术成果，为我们这个伟大的时代增光添彩。

以此共勉！

李金龙

2022.3.19

前　言

　　武术汇聚了中国传统文化的精粹，彰显着中华文化的精神，凝结着中华民族的生存智慧。武术文化教育对于弘扬民族精神、传承中华文化、促进青少年全面健康发展具有重要作用。随着我国教育改革的深入，我们对武术文化教育的价值和意义有了更为深刻的认识，武术教育的重要性也由此得以逐渐彰显。学校作为实施教育的主要场所，在传播武术思想、弘扬民族传统文化方面更应该发挥出其不可替代的显著作用。尤其是对在校学生，更应该通过行之有效的武术教育使其在人生观、价值观形成的关键时期发挥以武育人的重要功效，使青少年能够对武术这一民族传统文化瑰宝形成科学的认知，通过接受武术文化教育主动承担起武术文化传承的重要职责。

　　必须承认的是，当前我国的学校武术教育面临着诸多亟待破解的现实困境。在实践层面，武术课程始终处于学校教育的边缘地位，仅有的武术课程内容枯燥、教学方法机械僵化、教学评价方式单一、武术精神逐渐消解、武术义化逐渐式微等。在理论层面，关于武术、武术教育、学校武术教育等概念始终存在争议，难以准确界定，这无论是对我国传统武术文化的传承与弘扬，还是对学校武术教育的运行和发展，无疑都会产生不可忽视的负面影响。

　　值得注意的是，武术本身具有的东方文化特性决定了中国武术教育体系与西方教育体系存在着一种文化联接层面的现实困难，而这一问题又突出表现在武术自身的学科建设体系当中。可以说，直至今日，我们的武术文化传承体系并没有实现完整的建构。中国传统武术教育有着悠久的历史，在长期的社会发展中形成了以家族传承为主的传播形式，这就导致其在长期的发展进程中尽管积累了丰富的教学实践经验，但限于其理论层面的不足和方式方法的单一，始终无法形成完善的学科理论体系。近代，西方教育理论映照下的中国武术教育更呈现出理论的混乱和实践的无序。由此，从学校武术教育的概念和理论体系出发，进而探寻出学校武术教育所面临的各种困境的破解之路，就成为我们必须直面的重要且迫切的研究课题。

正是基于这样的理论和现实诉求，本研究从武术、武术文化等基本概念入手，在遵循教育原则、符合教育规律的前提下，从教育学的理论与视角对学校武术文化的传承与发展进行深入研究，并借助相关学科的理论知识以及具体的实践经验对目前我国学校武术教育的各个要素和环节中存在的问题作出一个系统的分析和研究，并提出解决问题的策略和办法，从而明确学校武术文化传承的目的，探寻实现武术文化教育目的的有效途径，建立起学校武术文化传承的理论体系，进而为学校武术教育改革提供理论参考和实践支持，实现对武术文化传承和弘扬的全面促进。

武术文化教育一直是学校武术教育的重点与难点。本研究通过对武术文化教育与学术武术教育的互动逻辑体系的全面解构，最终实现新时代中国武术教育发展体系的全面建构，从而实现对学校武术教育实践的科学指导。由此，本研究对于中国武术教育甚至于中国武术的当代发展就具有了重要的理论意义和实践价值：第一，面对武术文化传承遇到的前所未有之困难，系统地研究武术文化在学校传承的理论体系显得尤为重要，认识论层面的提高对于指导学校武术文化教育的实践将具有重要的意义。第二，对武术、武术文化等概念的深入研究可以有效地纠正学校武术文化传承的盲目性，有助于明确武术文化在学校传承的内容，纠正武术文化的传承方式，摆脱学校武术文化传承所面临的问题，促进武术文化教育的积极开展。第三，通过传承武术文化特别是武术礼文化，有助于弘扬中华优秀传统文化。武术滋生于中华文化的母体，凝结着中华先民的生存智慧，是中华民族文化复兴的重要组成。所以，弘扬武术文化就是对民族文化本体的一种继承与发展，是实施文化强国的重要手段。第四，通过对学校武术文化传承的研究，有利于为青少年的全面发展提供一种途径和可能，有助于加强青少年的传统文化教育，帮助他们养成良好的行为习惯，培养自强不息、崇德尚武的性格特质。第五，通过对武术文化的传承研究，有助于培养青少年的尚武精神，通过武术礼文化的熏陶有效地规范青少年的道德与行为，通过武术技能的学习提高青少年防身自卫以及有效实施见义勇为的能力。第六，通过开展学校武术文化教育，有利于中外体育文化教育的比较和交流，弥补体育文化教育中民族传统体育文化内容的不足。

从现有的研究成果看，众多学者纷纷"把脉"学校武术教育的病症时，普遍认为造成当前困境的主要原因是教学内容陈旧、教学方法单一、教育师资匮乏，但是在相应的改善策略与办法陆续出台并加以实施的同时，却发现并未取得相应的效果，甚至进入一种"只动其表面，而难以撼其根本"的尴尬境地。当前学校武术教育所面临的各种困境涵盖教学方法、教学内容、师资队伍、评价方式等多个方面，但是其根本原因却在于对学校武术教育目的的模糊与偏离。教育目的是教育活动的出发点，是教育方法、教育内容、教育理念、教育评价等各种教育要素开展和实施的根本依据。在诸多的学校武术教育研究中，几乎不曾涉猎教育目的的研究。但是在教育过程中，教育者所采用的一切手段与方法，以及课程内容均是为教育目的服务的。一旦迷失了目的，学校武术教育何去何从？这样就不难理解，目的的不明确是学校武术教育出现困境的根本原因。至于教学内容陈旧、教学方法单一、教育师资匮乏等原因，均是由于学校武术教育目的的不明确所导致。因此，本研究在分析学校武术教育的困境与出路时试图通过对前人研究思路的修正，将目的作为研究的起点，在首先明确学校武术教育目的的前提下，根据教育目的来厘清目前学校武术教育各要素所处的现实困境，并寻找出符合当前学校武术教育目的的改善策略和办法。

基于上述基本认识，探索和分析当前我国学校武术教育所面临的诸多困境首要应该明确我国学校武术教育的目的，只有明确了目的，才能够判断出其他教育要素的运行是否符合目的，进而分析出其是否面临发展困境以及面临何种发展困境。但是，我们也应看到，学校武术教育并不是一个单纯的事物，而是一个较为复杂的综合系统，单纯地从目的出发只能够判断其整体，而难以探寻其内部要素所面临的具体问题。因此，在明确学校武术教育本质和目的的前提下，需要我们将学校武术教育这一复杂的系统进行合理拆分，进而分门别类加以研究，保证整个研究的系统性和深入化。关于教育要素的论述，在王道俊和王汉澜主编的全国高校通用教材《教育学》中有如下表述："构成教育活动的基本要素是：教育者、受教育者和教育中介系统。教育中介系统是开展教育活动的内容和手段。"结合当前我国学校武术教育的基本情况以及运行现状，学校武术教育的教学者可界定为学校武术教师，受教育者即在校接受武术教育的学生，而教育中介系统则大致可分为武术教育目的、武术教育内容、武术教育环境、武术教育方法、武术教育评价体系5个方面。因此，本研究的思路是在明确学校武术教育目的的前提下，将学校武术教育诸要素进行拆分，并分别考察诸要素在实际运行过程中所面临的困境，并具有针对性地提出改善的策略和建议，从而为研究提供一个能够在总体上可以把握的方向和判断标准，也能够在保证研究标准同一性的同时实现对总体研究所涵盖的各项细化研究的精确表达，使研究能够避免落入简单的宏阔的无意义的理论陷阱，能够真正意义上实现理论与实践的完美结合，最终实现对学校武术教育所面临的各种困境的全面探索与分析，形成可供实践的意见与建议。

基于以上的研究思路，本研究立足于马克思主义唯物史观，采用历史与逻辑相统一、归纳与演绎相结合的方法，通过文献资料、专家访谈、问卷调查、比较研究等具体方法展开深入而细致的研究。首先，通过对涉及学校武术教育议题的各种论文、专著、会议报告、影音资料、图片等文献资料的收集，辅以搜狐体育、新浪体育、中华武术网、中国功夫网等主流体育媒体的相关武术新闻素材，形成了较为扎实的文献基础。通过同一些多年从事学校武术教育的教师与工作人员的沟通，搜集了丰富的学校武术课程教案、教学计划、教学心得等与学校武术教育息息相关的文字材料，为研究提供了丰富的现实素材以及客观的理论指导资料，并且对这些文献进行了仔细的研读、筛选、分类、总结以及评价，为研究的进一步展开夯实根基。通过对文献资料的收集和分析，对国内外目前关于学校武术教育的研究现状有了一个较为清楚的认识，对相关可借鉴的学科理论也有了一个较为明确的把握方向，同时通过文献的研读对目前我国学校武术教育开展的现状、面临的问题以及各项改善措施也有了一个较为明确的前期认识，为后续研究的开展提供了一个较为便利的条件。其次，面对学校武术教育这一复杂的问题，仅有书斋的案头工作是远远不够的，必须展开广泛的社会调查。对于学校武术教育的研究采取了半结构式访谈的方法对相关专家的意见、观点进行收集和梳理，获得本研究所需的信息。通过对武术教育专家进行口头访谈，主要目的是验证研究假设，同时听取专家意见随时修正研究过程中的不足与问题。再次，研究的顺利展开不仅需要扎实的学科理论进行指导，同时需要丰富的现实素材来验证研究中的各项假设，提高研究结论的科学性和客观性。本研究依据目前我国学校武术教育开展的实际情况，结合前人研究的相关成果，在充分遵照体育科学研究方法以及教育学、社会学、文化学关于实验研究基本要求的基础之上，充分汲取各位专家意见，结合自己对相关议题的研究基础和分析视角制定了学校武术教育从业人员问卷，问卷中所设题项均由开放式和闭合式问题相结合组成。调查对象选取了武术教育管理工作者，长期从事武术教育的专家、学者，以及大、中、小学武术教师等。最后，通过运用逻辑学的方法对文献和访谈中获取的大量信息进行判断、推理、论证等来加以理解，这是一个抽象思维的过程，最终形成了对武术及武术文化、文化传承等概念和理论问题的准确把握和逻辑思辨。通过这个过程，以达到对学校武术文化教育本质的逻辑规定，进而科学地认识学校武术文化教育的现象和规律。

　　本研究在具体实践过程中，针对我国学校武术教育存在的现实问题，对涉及的6个影响因素分别进行了系统的阐释分析。

　　第一，学校武术教育的目的。教育的根本目的其实就在于对人的培养，强调提升人的综合素质，并通过培养人的综合素质和能力来提高人在发展个人以及应对社会过程中对于问题的解决能力。所有教育目的，都是在对人的素质思考的基础上提出来的，学校武术教育也不能例外，实现对人的素质的提高是其根本之所在。武术文化在学校的传承理应纳入学校教育内容的范畴。因此，我们认为武术文化的学校传承目的在于培养青少年的武术素养。素养是一个人长期养成的习惯。人应该具备的素养是多层次的，从事不同具体活动的人所要求具备的素养及其构成是不相同的，抽象概括，作为一个普通人应该具有体能、智能、技能以及心理和道德品质等方面的素养。不论从武术文化的功能与价值来看，还是从武术文化所具有的特殊性质分析，学校武术文化传承完全可以实现学生认知、情感和社会适应等方面素养的提升，并且有其他学科教育或社团教育、思想政治教育的不可代替性。根据我们对素养的理解，认为武术素养应该是通过长期的武术练习，养成终身习武的习惯；掌握武术的理论知识与技能，以及在身体、心理和社会适应等方面展现出因习武而产生的良好状态。

第二，学校武术教育的内容。武术文化教育课程内容的设置应该分为三个层面：器物层面的知识技能；制度层面的行为习惯；精神层面的道德修养。三者的关系是相互融合、层层递进的，而非彼此割裂。学生通过掌握武术的知识技能，养成良好的行为习惯，形成高尚的道德情操。学校武术教育应将武术礼文化教育和培养学生的尚武精神作为教育的重要内容。中国素来被称为"文明古国，礼仪之邦"。礼被认为是一切行为的准则，体现着中国文化的特殊性，在西方语言里没有对等的词汇可以对译。中国武术文化是中国传统文化的有机组成部分，礼的文化和精神，渗透和体现在中国武术文化之中。可以说，中国武术文化就是中国传统礼文化的载体之一。传统武术深刻地烙下了"礼"的印记，由此形成了中国武术礼文化。学校武术教育对于传承武术礼文化本是责无旁贷，但更主要的是在于发挥武术礼文化的教化功能，实现育人的目的。我国传统武术礼文化的内容，可以分为武术礼仪和武术礼义。武术礼仪与武术礼义的关系即形式与内容的关系，是术与道的关系。形式与内容的理想关系是二者的统一，即内容与形式相匹配。武术礼仪即对习武之人的行为规范，也可称作武术礼法；武术礼义则是对习武之人的精神规范，也就是人们比较熟悉的武德要求。武德可分为一般性武德和专门性武德两类。一般性武德要求即中国传统儒家伦理价值观；专门性武德要求即对习武之人精神意志性格方面的特殊要求。

第三，学校武术教育的方法。武术文化的传承应该包括武术的知识与技能、行为习惯、思想品德等方面。因此，在传承方法的选择上应充分考虑武术文化的特点及武术的本质特征。内外兼修、体用兼备是武术文化的显著特征，它受中国哲学整体观的影响成为武术习练的重要原则。武术中强调的内外兼修，其内涵是多层次的，既包括形与神的统一，也包括德与艺的融合。就人体而言，外指的是身体，即躯干、四肢、筋骨皮等，内指的是精神、意识、思维活动；就其表现形式来说，外指的是手、眼、身法、步，内指的是精神、气、力、功；就整体而言，外指的是具体的运动形式、身体形态，内指的是心理品质、精神状态。此外，武术中的内外兼修还表现在精湛的技艺融合于高尚的道德。体用兼备的技术特征被看作是武术本体存在的形式。打练结合是武术体用兼备最直接的表现。传统武术历来讲究"既得艺，必试敌"。由体及用，体用结合，是传统武术各门派训练的固定程式。广义的理解武术的体用兼备，还包括知与行的统一。首先，知行合一在武术中表现为各门派拳法均要依照本门拳理进行习练。其次，知行合一在武术中还表现为将武德的内容内化为习武者的行为习惯，并融入日常生活中。受中国传统思维方式的影响，武术义化以天人合一、内外兼修、体用兼备为指导思想，形成了"以武修道、由道统艺"的风格特征，在方式上注重直觉与体悟，形成了口传身授、自身体悟等特点鲜明的教育方法。我们对口传身授的理解绝不能停留在讲解、示范的层面。口传虽然有讲解的意思，但是更强调耳提面命式的教育。所讲解的内容也不仅是动作要领、动作规格等常规的内容，更主要的是讲授拳理法则，达到启发引导的效果。身授除了指动作示范、拆招、喂招，以及纠正错误以外，还包括通过身体的接触使习练者感知劲与力的变化。

在武术教育中，身授并非只是口传的补充，而是具有同等重要的地位，甚至身教重于言教。直觉体悟是中国人认识世界的基本形式，同样也是武术文化传承的重要方法。直觉体悟是一种身心并用的实践方式，它既讲究"熟能生巧"，又强调"思而成技"，二者不可偏废。"技艺之道，存乎于心"，传统武术强调对内在的身体变化的感知，有时是极难用语言描述的，所谓"可意会而不可言传"。

第四，学校武术教师所应具备的素养。武术教师是学校武术文化传承的主要承担者，一方面应具备良好的专业技能，另一方面要有高深的知识。一名优秀的武术教师不仅应该是一名武术家，还应该是一名教育家，对于中小学武术教师而言，甚至可以说做武术教育家比做武术家更重要。因此，衡量一名武术教师是否称职，不仅要看其专业技能的水平高低，更要看其是否具备一名教师所应具备的素质。作为一名合格的武术教师，首先是武术礼仪与武术礼义的实践者，具有较高的道德水准；同时具有一定的专业素养，以及有效的教育方法。针对武术教师专与能的问题，对于中小学武术教师重要的不是有没有"一专"的问题，而是能不能"专心"的问题。武术教师必须专心于武术教育，把职业当事业去做，创造性地开展教育工作，才有可能培养出优秀的人才。武术教师的"能"，除了掌握"一专"以外的多个拳种，更主要的是对所掌握的拳种能打、能练、能教，最关键的是能教。因此，学校武术文化的传播者应该是具有专业素养和教育艺术的武术教育家。

第五，学校武术教育的评价。武术教育评价应该从一个宽泛的角度，将习武者的武术素养作为一个整体，对武术知识技能、行为习惯、道德修养等做全面考核。注重评价对象的多元化和评价形式的多样化，将结果评价和过程评价相结合。（1）将武术教育的育人目标与考核指标密切配合。武术教育的主体和对象是学生，学生是否能够掌握扎实的武术知识、武术技能和传统的武术精神、武术文化是武术教育的目的所在，总之，能否将学生培养成为具有武术素养的人是学校武术教育的核心目标。（2）增加过程性评价在整个考核评价体系中的比重。礼仪文化、尚武精神、习武习惯、意志品质等方面，都属于武术教育过程中学生所表现出来的情感态度和精神内涵。作为影响学生学习武术的重要因素之一，学生的武术学习行为受其态度的直接影响比较明显。（3）突出学生考核评价的主体地位。学生作为学校武术教育参与的主体，对于所学的知识、技能和武术精神文化首先要形成一个自我的分析和价值判断，通过课程考核的目标和标准来衡量自我与他人在学习过程中及学习后的情况进行比较，进而对自己形成一个客观清晰的判断。（4）改变考核评价结果的处理方式。考核评价不仅要反映出学生对于武术知识和技能的掌握情况，同时对于学生在一个学习周期的进步情况、教师在一个教学周期的问题和不足、教师在教学中的改革创新情况等都要进行一个客观的反映，使每一次的考核评价都能够为下一周的学习和教学指明改进的方向。因此，这种分析问题和诊断问题的考核评价就需要有一部分定性的考核来完成。（5）将学生个体差异纳入考核评价标准之中。将学生个体差异纳入考核之中，在考核中充分考虑学生不同个体的发展和进步，是今后课程考核评价完善的一个重点领域。（6）将武术礼仪形式与感恩尊重教育密切结合。在平时的学校武术教育融入礼仪教育之外，同样需要通过相关的考核和评价来鼓励学生朝这一方面逐渐完善。将学生日常行为综合到最后的考核中，以分数或等级的形式对这一部分分数进行量化，选择适当的比例算入最后的学习成绩之中。

第六，学校武术教育的环境。学校武术教育环境应该是具有仪式感的育人环境。仪式感在人的生命中具有重要的意义，它是主体依托于仪式活动的场景、礼仪、服饰、语言等产生的内在感受，具有通过象征性激发人的情感与想象的作用。仪式在中国传统文化中有着非常重要的地位。各项活动通过严格的程式化的步骤，再衬托以相应的场景，使人产生强烈的内心感受。在任何时候，仪式都有存在的价值和必要，学校武术教育需要通过程式化的仪式以规训学生的武术行为，使学生以虔诚的态度积极主动地接受武术教育。具有仪式感的育人环境可以使武术礼仪具体落实到武术教育的过程中，对学生武术素养的形成产生积极影响。

本研究通过以上理论问题和实践探讨，主要实现了两个方面的突破。第一，在现有的武术文化传承研究中，研究者普遍聚焦于武术文化传承的方法、内容、师资等具象化的特定问题研究，很少涉及武术文化传承的目的问题。本研究通过对武术、武术文化及相关概念的重新定义，实现了对武术文化学校传承目的的把握，从而为有效地开展学校武术文化教育的各项活动提供原点与归宿。第二，以往相关专家学者的研究大多将学校武术文化传承所存在的问题归结为传承的内容、方法和师资三个方面。本研究基于教育学的相关理论认知，认为造成学校武术文化传承困境的根本原因在于武术文化传承目的不明确，并以此为依据，通过明确学校武术文化传承的目的，最终建构起学校武术文化传承的理论与实践体系。

　　本书撰述的初衷是通过明确学校武术文化传承的目的，针对学校武术文化传承面临的困境进行深入而理性的思考，从而为学校武术教育提供有益的发展思路。然而，事物的发展是一个历史的范畴，问题的产生与发展也有其自身的基本逻辑，在宏大的时代面前，本书所进行的理性思考与发展迅速的时代实践相较显然有着相当的落差，在此情景面前，我们也只能寄望于通过研究，努力为理论与实践架起沟通的桥梁，寻求二者的无限相近。"理论是灰色的，实践之树常青"，本研究的理论阐述显然还需要实践的认证，毕竟，"实践是检验真理的唯一标准"。此外，受到时代发展的迅猛和本人研究能力的不足等主客观因素的限制，本研究无疑会存在诸多不足之处，祈请学界同仁进行批评指正。

　　学术无涯，求学有径。让我们共步前行，共同创造我们这个伟大时代的武术文化，武术文化的明天会更美好！

目录

第一章　导　论

第一节　问题缘起

文化之于一个民族具有重要意义，是一个民族得以延续的根之所系、脉之所存。中华文化是迄今世界上唯一历经千年传承而不辍的文化。中华文化的发展孕育了中华民族的繁荣昌盛，同时也滋养了世界不同种族与地区的人民，为世界文化的多样性作出了贡献。党的十八大以来，习近平总书记多次提出振兴传统文化，指出："一个国家、一个民族的强盛，总是以文化兴盛为支撑的。""没有文明的继承和发展，没有文化的弘扬和繁荣，就没有中国梦的实现。"[①]新的世纪，随着我国国力的上升，中华民族快速崛起于世界民族之林已是不争的事实。然而，中华民族的复兴离不开文化的复兴。纵观习近平总书记历次重要讲话、署名文章，我们总能体会到他对中国传统文化怀有浓厚的感情。传统文化正在受到整个社会的重视，从重大的传统节日活动，到各地多样的读经活动、传统礼仪学习活动等，诸多和传统文化相关的社会活动日渐活跃，在当今社会受到的关注度越来越高。

2013年11月26日，习近平总书记到山东曲阜考察与调研。在孔子研究院，他饶有兴趣地翻阅了《孔子家语通解》《论语诠解》这两本书，并说要带回去仔细看看。当与专家学者座谈时，他说，一个国家、一个民族的强盛，总

---

① 中共中央宣传部. 习近平总书记系列重要讲话读本[M]. 北京：人民出版社，2014.

是以文化兴盛为支撑的，中华民族伟大复兴需要以中华文化发展繁荣为条件。中华文化是我们民族的"根"和"魂"，如果抛弃传统、丢掉根本，就等于割断了自己的精神命脉。中华民族具有五千多年连绵不断的文明历史，创造了博大精深的中华文化，为人类文明进步作出了不可磨灭的贡献。中华文化积淀着中华民族最深沉的精神追求，包含着中华民族最根本的精神基因，代表着中华民族独特的精神标识，是中华民族生生不息、发展壮大的丰厚滋养。习近平总书记指出："我们要结合新的时代条件传承和弘扬中华优秀传统文化，传承和弘扬中华美学精神。"然而，优秀传统文化内涵丰富、包罗万象，尽管大多数人都能够意识到传承中华优秀传统文化的时代价值和历史意义，但是在具体的操作层面却难以落实。"当今时代，文化越来越成为民族凝聚力和创造力的重要源泉，越来越成为影响综合国力的重要因素。"文化实力已成为继军事实力、科技实力、经济实力之后衡量一个国家综合国力的重要指标，文化安全正在成为国家安全的一个重要方面。习近平总书记在党的十九大报告中指出："文化是一个国家、一个民族的灵魂。文化兴国运兴，文化强民族强。"传承中华文化、复兴传统文化，不是空喊口号，而是要落到实处，"传什么""怎么传"是摆在我们面前的现实问题。同时，这些问题又涉及我们的学校教育"培养什么样的人"和"为谁培养人"等更深层次的问题。

2016年4月，时任中宣部部长刘奇葆到国家图书馆调研时指出，继承优秀传统文化要注重与时代发展相适应，取向应该是有利于解决现实问题的文化，有利于助推社会发展的文化，有利于培育时代精神和时代新人的文化，并体现到方方面面。比如，在文艺创作中，要着力弘扬中华美学精神，展现中华审美风范；在学校教育中，要着力用优秀传统文化培养青少年的良好道德规范、思想品格和价值取向；在城市和乡村建设中，要着力延续历史文脉、保留中华文化基因，等等。要通过各种载体和形式，大力传播和弘扬优秀传统文化，把跨越时空、具有当代价值的文化精神弘扬起来、传播开来。因此，现阶段旗帜鲜明地弘扬传统文化既是时代发展的要求，也是青年一代成长的需要。

　　中华武术源远流长，已经深深地根植于中华传统文化之中，也深深地融入中华文化各个方面。当今时代，继承和弘扬武术文化对于扩大中华文化的影响力有着不可替代的作用，对于振奋民族精神有着重要的现实意义，对于提升我国的国家形象具有战略价值。中华武术作为中华民族传统文化的一个有机组成部分，除了具有一般的文化特点之外，还具有自己独特的内涵和民族文化特征。中国传统文化的精髓蕴含于武术实践当中，深深地影响着一代代习武之人。透过武术文化，我们可以感知中国传统美学的意蕴。武术先辈们将生活中的各种攻防格斗技法，"在实现了艺术的升华后，最终形成了体现攻防进退、动静疾徐、刚柔虚实、内外合一等规律的，具有'意象'表征的武术动作"[①]。这些动作"情技交融、神形兼备、离形得意，融入攻防技术之中。思境相融，既源于攻防格斗之技，又高于攻防格斗之真"[②]，如洪洞通背拳中的懒扎衣，取其定式外形，撩掖战袍备战之姿，暗含大将临敌从容不迫之态。"在似与不似之间"为我们留出了想象的空间。正如一幅意蕴幽深的中国画，体现的是一种意境美。这种意境美一方面来自演练者对动作攻防含义的理解与身体姿态的高度配合和节奏的处理以及艺术表现手法；另一方面来自武术套路浑厚、雄壮的气势和身体运动的特殊形式等给人以无限想象的美悦境界。常言道："形美感目，意美感心。"武术套路所体现的攻防含义并非照相机式地再现战争场景，而是将习练者的情感和感受融于技术当中，是一种写意的表达。正如林语堂所言："单纯追求细节精确的绘画是商业画家们之所为，而真正称得上是艺术的绘画应该致力于表现精神。"中国艺术家的最高理想是把景物的精神气韵传达给我们，以唤起我们情绪的共鸣。形意拳的"形随意转，意至形生"；太极拳的"用意不用力"都讲究内外兼修、以形传神。众多武术拳种"拳虽不同，理从一贯"，均是以具有攻防含义的技术动作为素材，通过手法、眼法、身法、步法的协调配合来传情达意的。长拳中的"打虎式"是一个定式，"形"虽断却"意"犹连。此时习练者眼神应凝视远方，

---

① 王岗. 中国武术的技术要义[M]. 太原：山西科技出版社. 2009：43.
② 邱丕相. 中国武术文化散论[M]. 上海：上海人民出版社. 2007：48.

表现出伺机待动的神态，就像阅读一首美妙极致的禅诗，话讲完了，韵味还在，言已尽而意无穷。中国艺术家把这种技巧称作"意在笔先，画尽意在"。这种"形断意连，势断气连""形断意不断，意断神犹连"的形态，体现了中国武术"以形写意，得意忘形"的艺术特征。东晋书法家卫夫人认为，在书法艺术中"横，如千里阵云，隐隐然其实有形；点，如高峰坠石，磕磕然实如崩也；撇，陆断犀象；折，百钧弩发"。这些比拟并不限于形象的相似，同时也指出质地的仿佛，因为撇不但要像犀角象牙的外形，并且要使人感到有犀角、象牙的坚硬锐利；折固然要像弩弓的弧形，也要使人感到有弩弓矫健的弹性……在形意拳中，劈拳其形似斧，有劈物之象，取其锋利之意；钻拳其形似水，曲曲流行，无隙不入，有令人捉摸不着之意；崩拳似箭，有射物之意，身如弓弩，拳似箭……在演练时"心意诚于中，肢体形于外"，不仅要"象形取意"，同时还要"取法为拳"。中国武术通过肢体语言诠释了中国艺术的"气韵生动"。无论是轻灵柔和的太极拳，还是严密紧凑的形意拳，在我们关注武术的"神"的同时亦不可忽略"形"的存在。正如《笔阵论》认为，书法作为一门艺术，虽然已超越了文字形式的格局；但仍是写字，不能脱离文字。无论它如何超越文字体系，仍是与文字体系不可分割的。"这么一种超越文字又不舍文字、抽象又具象的艺术，成了中国书法的特色。"[①]武术亦如此，在追求意境的同时不可忽略形式的真实，在攻守之间彰显中国文化对美的认知。

武术，自产生以来就被纳入中国伦理之道，在萌芽、形成和发展的历程中深受儒家伦理思想的影响，在长期的历史发展中又受到中国传统文化乳汁的滋养，蕴含了丰富的内涵和深邃的哲理。武术文化正是在传统道德观和民族精神的滋润与培育下带有了鲜明的仁学色彩和我们这个仁义之国、礼仪之邦的民族特征。习武不仅可以健身，同时可以接受优秀文化的熏陶。"艺无德而不立"，"未曾学艺先学礼，未曾习武先修德"，这种尊重、谦和、忍让的态

① 龚鹏程. 文化符号学：中国社会的肌理与文化法则[M]. 上海：上海人民出版社. 2009：92.

度有利于培养学生高尚的道德情操。"冬练三九，夏练三伏"可以培养学生不怕吃苦、勇敢顽强的精神作风。通过无数武林中人行侠仗义、除暴安良、保家卫国的故事可以激发习武者的爱国情操、振奋民族精神。

和谐观念始终贯穿于武术文化的思维模式与实践规范之中。武术的独特价值取向是和谐，全面实现武术技击、养生、修性等多方面功能的方法是和谐，衡量武术诸多功能的总体价值尺度是和谐，其所追求的终极目标仍是和谐。和谐成了武术特殊的美，是武术文化的根基。武术文化追求和谐，注重处理人与人、人与自然以及人与自身的关系。武术文化是刚柔相济的，既能宽厚待人，又能积极进取，表现出追求人际和谐的价值取向。

总之，武术滋生于中华文化的母体，蕴含了中华文化的精髓，也全息映射着中华文化。在数千年的发展历程中，武术已经由一项实用技击术发展成为独具民族特色的文化瑰宝，甚至成为"中国人的存在方式"。武术文化吸收了中国传统文化中的儒、释、道、法、医……各家精华，深刻地烙印在了中华民族的灵魂深处。民族的精神根植于传统文化，而武术是中华民族传统文化的重要载体，彰显了中国文化的特质。武术文化丰富的内容，既存在于器物层面也包含了精神层面的内容。它不仅有外显的肢体动作、器械、服饰等，也蕴含着中华民族的生存智慧与精神追求。当代武术文化的传承，不仅肩负着文化发展的重任，而且还担当着中华民族伟大复兴的历史使命。

在学校教育中，人类通过一系列有目的、有计划、有组织的教育教学活动而传承文化知识、完善社会规范并确立起主导的价值观念。中华武术悠久的历史为教育提供了无限的资源与丰富的内容。五千年的历程凝练了中华民族博大精深的武术文化。"以武养德""以武育人"，在学校中传承武术文化有利于发挥武术对于青少年全面发展的教育价值。在学校中开展武术文化教育有利于推进与实施教育教学改革，是加强青少年素质教育的具体体现。武术强调内外兼修，对"外"而言，武术教育可以起到强筋壮骨、提高人体机能的作用；对"内"而言，武术文化可以培育自强不息、崇德尚武之精神。总之，武术文化教育关注的是人的生命质量，追求的是生命的和谐与完美。

但事实上，武术文化在学校的传承并非一帆风顺，学校武术教育面临多重困境，如：师资短缺、教育理念落后、教学方法不当、教学内容单一、开课时数不足、受重视程度不够等。武术教育在学校教育体系中长期处于边缘化的状态，传统文化传承与发展的重要性与实际的学校武术教育工作不成正比，学校武术教育在高层管理部门的重视下却在基层的实践中被弱化。由于武术文化教育的缺位，青少年对武术的认识主要来自武侠小说或影视作品，导致认识存在明显的误区，对参与武术活动表现出一种"消极"的态度。此外，学校武术教育的研究现状表明学界对武术文化在学校传承的方式与途径、内容与方法、目标与评价等诸多问题尚存在分歧，且众说纷纭、混乱不明，有待于对武术文化的学校传承进行深入、全面、科学的研究与分析说明。

当前学校武术教育的困境既有中西方文化冲突的影响，更有我们对中国武术如何走进学校决策的失误。尤其是后者，由于我们无法对武术进入学校进行正确的把握，所以在武术走进学校的百年间，我们一直未能确立一个一以贯之的体系。基于此，我们对学校武术文化传承进行研究对于学校武术教育如何摆脱困境就具有特殊的意义。为学校武术教育的全面推进提供助力是我们必须予以关注的问题。而且，学校武术教育自身的现实诉求也要求我们必须尽快进行深入的改革，这一切必须从理论的突破开始。

第二节　研究述评

教育是人类文明传承的重要手段，而学校是实施教育的主要场所，因此人们对学校教育的研究一直以来都保持高度关注。武术文化的传承自然离不开学校教育的助力。武术，自近代进入学校教育的领域已经经历了百年的发展，并以其独特的功能和价值展现于世人。进入21世纪，面对全球化的浪潮，武术文化的传承遇到前所未有的困境，尤其在学校教育中，武术文化教育已难觅踪影。这一现状已经引起了武术与文化学者的共同关注。研究者纷纷

"把脉"武术的传承与教育，以期寻找解决问题的途径，为学校武术教育的发展、为武术文化的传承献计献策。目前，有关武术文化教育的研究成果已经相当丰富。这些研究反映了武术文化教育发展的时代特点，同时也为本研究提供了理论依据。

一、对"武术"与"武术文化"概念的界定

（一）对"武术"概念的研究

概念是思维的一个形态，是人们对某一事物作出判断、推理与论证的基础，是逻辑思维的起点。"概念明确，是正确思维的首要条件。没有明确的概念，就不会有恰当的判断，就不会有合乎逻辑的推理与论证。"[①]概念是反映事物特有属性的思维形式。武术概念是研究与武术相关的一切问题的原点，也是建构武术科学体系的基础，是武术研究者开展研究永远无法回避的话题。正如海德格尔所言："真正的科学运动是通过修正基本概念的方式发生的。"[②]随着武术学科的快速发展，武术概念被广泛地关注，并且成为研究的热点。武术概念的修正对于武术学科的发展具有重要意义，同时对于武术教育、武术文化、武术传播等领域的研究也同样重要。

武术的历史虽然悠久，但武术一词被广泛使用却始于清末，到中华人民共和国成立后武术的称谓才得到了明确，并一直沿用至今。"民国时期，人们主要从实用技术和体育运动两方面来认识武术，而新中国成立后，虽然不同时期对武术的概念表述不尽相同，但是基本框定在体育范畴。"[③]但是，近年来人们对将武术框定在体育范畴提出越来越多的质疑。为此，学者们从不同的视角对武术进行了诠释，可谓见仁见智。有的学者从价值——目标追求对武术定义，也有的学者从过程所具有的特质来对武术定义，还有的从活动所产

---

① 金岳霖.形式逻辑[M].北京：人民出版社，1979：24.
② 马丁·海德格尔.存在与时间[M].陈嘉映，王庆节，译.北京：三联书店，2012：11.
③ 邱丕相，蔡仲林.中国武术导论[M].北京：高等教育出版社，2010：5.

生的效果来对武术定义。正如英国学者盖列（W.B.Gallie）所说："有些概念'在本质上错综复杂，必然引起争论'，人们经常使用这些概念，但对它们却没有作出令人满意的解释。"①武术概念正是这样一个典型的个案。

武术是什么？武术代表什么？武术意味着什么？是一连串困惑研究者的难题。我们可以给出一个武术的基本轮廓，但又无法给出一个科学的武术概念。不能不说，这既是当前武术研究的一个遗憾，也是研究者从事研究的一大难题。因为，当我们遇到一个无法给出具体且准确的"武术"时，我们如何进行研究将成为一件缺乏研究原点的工作，这无疑有悖于研究的基本准则。事实上，从各方学术观点来看，对武术的概念还存在诸多争论，对武术的本质也没有形成共识，由此而造成对武术的内涵和外延依旧模糊不清。

从武术一词的起源来看，"偃闭武术，阐扬文令"是停止战争，提倡文教，即偃武修文之意，武术泛指军事和战争。其内涵与今日之武术大相径庭。就词源分析，最初的武字是"足戈并立"，持戈静止而立，注视前方或举戈而动，欲与人、兽斗。与人斗是争夺地盘和剩余价值，与兽斗是维持生存和生命，术指达到一定目的的方法。武、术二字连成武术一词，可以简释为"武之术"②。武术一词的广泛使用开始于清末。中华人民共和国成立以后，武术主要是以体育的形式存在于学校教育中，诸多研究也将武术的上位概念定义在体育的范畴。从1978年人民体育出版社出版的《武术》教材将武术定义为"民族传统形式的体育运动"③开始，虽然武术的概念几经修订，但是在官方出

---

① Gallie W B. Essentially Contested Concepts[J]. Proceedings of the Aristotelian Society，1956（1）：167—198.

② 康戈武. 关于武术本体的认识及对武术学科建设的思考[J]. 成都体育学院学报，2018，44：24—33.

③ 1978年，人民体育出版社出版的体育系通用教材《武术》中对武术的定义为："武术是以踢、打、摔、拿、击、刺等攻防格斗动作为素材，按照攻守进退、动静疾徐、刚柔虚实等矛盾的相互规律编成徒手和器械的各种套路，是我国固有的一种增强体质、培养意志、训练格斗技能的民族形式的体育运动。"

版的教科书中始终被限定在"体育运动"①"中国传统体育项目"②"民族传统体育"③"传统体育"④"运动项目"⑤等与体育相关的内容中。持这样观点的学者也不在少数,如陈青⑥、张久超⑦、蔡忠宝⑧等。

难道由于武术归体育部门管理,就只能具有体育属性吗?答案显然是否定的。就武术到底是什么(如技击说、艺术说、文化说、体育说等)的问题,不少学者展开学术探索与争鸣。卢元镇指出:"中国武术是一个多元化的文化丛体,它以多个触角与哲学、军事、教育、医学、养生、竞技、娱乐、休闲、民俗等相关联,具有跨领域、跨学科、跨人群的性质,它不仅仅属于体育,体育部门对它的定义只能算是其中一家之言。"⑨在阮纪正看来:"武术是

---

① 1985年,人民体育出版社出版的体育系通用教材《武术》中对武术的定义为:"武术是以踢、打、摔、拿、击、刺等技击动作为素材,遵照攻守进退、动静疾徐、刚柔虚实等规律组成套路或在一定条件下遵照一定的规则两人斗智较力形成搏斗,以此来增强体质、培养意志、训练格斗技能的体育运动。"

② 1988年,在全国武术学术专题研讨会上,众多学者认为:"武术是以技击动作为主要内容,以套路和格斗为运动形式,注重内外兼修的中国传统体育项目。"

③ 1989年,人民体育出版社出版的体育系普修通用教材《武术》中对武术的定义:"武术是以技击为内容,通过套路、搏斗等运动形式来增强体质、培养意志的民族传统体育。"

④ 2009年7月,国家体育总局武术运动管理中心在少林武术的发源地河南登封召开武术定义和武术礼仪研讨会,关于武术定义的研讨得出了初步答案,其具体表述为:武术是以中华文化为理论基础,以技击方法为基本内容,以套路、格斗、功法为主要运动形式的传统体育。2017年出版的《中国武术段位制系列教程·武术概论》将武术的概念界定为:"以中华文化为理论基础,以技击方法为基本内容,以套路、格斗、功法为运动形式的传统体育。"

⑤ 2014年,全国体育院校通用教材《民族传统体育概论》一书中,武术的概念为:以中国传统文化为理论基础,以技击为基本内容,以套路、搏击、功法为运动形式,注重内外兼修的中国传统体育运动项目。

⑥ 陈青,孟峰年.学校民族传统体育[M].北京:人民体育出版社,2002.

⑦ 张久超,蔡仲林.对武术概念的再认识[J].四川体育科学,2004,(2):78—79,107.

⑧ 蔡宝忠.从甲骨文"武"字的含义到现代意义的武术概念[J].沈阳体育学院学报,2005(2):117—119.

⑨ 卢元镇.中国武术竞技化的迷途与困境[J].搏击(武术科学),2010(3):1—2.

中国人的存在方式。"①李印东在其《武术释义》中否定了武术与体育的种属关系，认为："武术是以技击为练习内容，以身体练习为基本手段，以追求个人安全和保卫个人利益为目的的中华民族传承的个人军事实践活动。"②也有学者将技击作为武术的属概念。如学者邱丕相认为："武术是中国传统的技击术，武术概念的内涵是技击；武术是中国传统体育，且武术的上属概念就是中国传统体育，武术概念的外延是指套路和格斗两种运动；武术是中国的传统文化之一，武德与拳理、技术与修养相结合，也就是'内外兼修'表示了武术的传统文化属性。"③王岗认为："武术，是以攻防技击动作为素材；以中华民族传统文化为理论依据；以套路、搏斗和功法等运动形式为载体；以传统武术习练和现代武术竞赛为实施手段和存在方式；以实现增强体质、陶冶情操、培养意志、提高攻防技能、弘扬民族传统文化为目的的一种社会实践活动。"④刘文武认为，将技击改为攻防较为准确。攻防是对技击的理论抽象，而技击只是武术攻防属性的一种表现形式，其将武术的概念界定为："武术是以徒手和器械攻防动作为基本内容，以拳种方式传习，注重内外兼修的中国传统体育。"⑤也有学者对武术的上位概念有不同的认识。蔡建丰认为："武术是中华民族特有的，施用于人体的、力的运用智慧。"⑥张江华认为："武术是中华民族在哲学指导下对技击认知并实践后经验累积的系统化知识。"⑦杨建营认为："武术是以具有技击含义的动作为主要内容，由中华民族创造的人体运动文化。"⑧马明达认为："武术是一个具有民族传统文化特质的现代体育项目……它的内涵与结构比一般体育项目复杂得多，应该说，武术是一个多成分多功

---

① 阮纪正.武术：中国人的存在方式[J].开放时代，1996（3）：24—29.

② 李印东.武术释义[D].北京体育大学博士学位论文，2006.

③ 邱丕相.对武术概念的辨析与再认识[J].上海体育学院学报，1997（2）：7—10.

④ 王岗，郭海洲.传统武术文化在武术现代化中的价值取向[J].广州体育学院学报，2006（3）：75—78.

⑤ 刘文武.武术基本理论问题反思[J].体育科学，2015（3）：20—29.

⑥ 蔡建丰.武术概念的广义阐释[J].搏击（武术科学），2010（3）：3—4.

⑦ 张江华.起点即终点：武术发展的知识向度[J].体育科学，2012（5）：42—48.

⑧ 杨建营.武术新定义存在的问题及修正途径探析[J].体育学刊，2014（1）：23—28.

能的复合体，一个从时间到空间都难以把握其范畴的文化现象。"①陈青认为，武术是将"较为原始的、随意生活化的肢体活动凝练成具有一定指向性、专门化的系列技术动作体系"，在现代社会中扮演着"多功能"的角色，形成了人类独具一格的身体活动。②在武术概念的认识问题上，有相当一部分专家学者所持观点与武术管理部门大相径庭。他们各自以不同的视角和研究领域对武术进行了定义，虽然没有完全形成共识，但是普遍认为体育无法涵盖武术的全部内容。

尽管前人的研究已经足够详尽，无论是在研究视角的使用还是相关学科理论的借鉴都较为丰富，但恰恰正是这种多视角、多理论的分析，使得武术概念的界定问题始终难以触动武术的本质。面对目前的学术研究趋势以及武术研究的发展态势，相信对于武术概念的研究将会逐渐从武术的现象回归到武术的本质，进而在不久的将来形成一个普遍认可且科学准确的武术概念。同时也应指出的是，本研究中对前人研究的武术概念所进行的梳理、质疑和批判，并不是对前人刻苦研究不尊重，反而恰恰是希望能够引起一种学术争鸣和讨论，对前人的研究加以借鉴，从而"站在巨人的肩膀上"进一步探索出武术的概念，为今后相关研究的进一步发展作出自己的贡献。

（二）对"武术文化"概念的界定

20世纪80年代，在世界范围内兴起了一股文化研究的热潮，有关文化研究的著作相继问世。在我国各高等院校中纷纷成立国学院，以研究和传承传统文化。而令武术人惶恐的是，不论是在主流的学术著作中，还是在各高校的国学院中，武术并没有受到应有的礼遇。在文化研究者看来，武术似乎并没有"文化"，或是武术文化并没有进入其研究的视野。果真如此吗？博大精深的中国武术在数千年的发展过程中不仅积淀了丰富的文化内涵，甚至成为

---

① 马明达. 说剑论丛[M]. 上海：中华书局，2007：261.

② 陈青，张建华，常毅臣，王增喜. 民族体育的身体行为研究[J]. 上海体育学院学报，2016（4）：83—88.

中华民族的文化标签。大洋彼岸美国堪萨斯州的30名中学生曾在写给时任国务院总理温家宝一封信中提出了这样的一个问题："温总理，你会武术吗？"可见，武术已经成为外国人认识中国、认识中国文化的一个窗口，武术无疑也是中国文化的一张名片。

马凤图强调，武术是一门学问，不能把武术简单地划拨到武的一边，因为武术里面有文的成分。[①]那么，何为武术文化呢？从现有的研究成果来看，我们对武术文化的认识不论是在结果上还是过程上，都与对文化的认识极为类似。当今，世界上对文化的解释据说有200多种，并且有广义和狭义之分。对武术文化的解释同样有很多种，例如郭玉成采用文化界所通行的广义与狭义的文化界定形式将武术文化分为广义和狭义两种，认为"从广义上，武术文化可以定义为：与武术相关的各种文化的总和，包括文化遗产中的武术、体育领域中的武术、影视中的武术、文学中的武术、学校教育中的武术等；从狭义的角度，武术文化专指源流有序、拳理明晰、风格独特、自成体系的传统武术拳种流派，其中蕴含的中国传统文化内涵，以及武德要求、传承制度等"[②]。杨建营从文化学的角度立足于人自身的关系、人与人的关系、人与自然的关系，对武术文化进行概括，指出"中华武术形成了促进人体自身和谐统一的特殊技术体系，出现了关注人际和谐的技击文化，展现了人与大自然和谐的生态文化"[③]。黄聪等将武术文化界定为："武术文化是特定社会中代代相传的一种包括技术、价值观念、信仰以及规范的民族传统文化。"[④]在对武术文化层次结构的认识方面，大多数学者均借鉴了文化的三层次说理论，认为："武术文化是以技击技术为核心，以中国传统哲学思想为基础，包括与武技密切相关的器物、传承形式和民俗，以及由它们所蕴含的民族精神共同组成的

① 马明达.说剑丛稿[M].兰州：兰州大学出版社，2000：349.
② 郭玉成.论武术文化的涵义及基本特征[J].搏击（武术科学），2009（3）：1—2，5.
③ 杨建营.武术文化内涵的提炼与解析[J].沈阳体育学院学报，2015（5）：135—139.
④ 黄聪，任璐，汤金洲，等.武术文化资本化与全球化语境下的武术发展［J］.西安体育学院学报，2012（6）：702—705.

中国传统文化。"①运用此理论的还有众多学者，如：王龙飞认为，中国传统武术文化也应是一个多层次的文化结构，具体包括器物层次（主要包括传统武术的符号化的技术和器械等）、制度层次（诸如传统的武术规律、规则、礼仪、组织形式、传播方式、理论架构等）、精神层次（传统武术价值观念、思维方式、审美情趣、道德规范、民族性格特征等）。②程大力提出："武术文化包含了'道与理''礼与艺''技与术'这样由内而外的三个层次，武术文化的核心是'道与理'层。"③王岗认为："中国武术文化是在物质、规约、精神三个层面进行的再创造。从中国武术的价值与理念层面来说，具有丰富的文化内涵，能体现民族精神。从中国武术的社会实践层面来说，既包括武术技术、武术器械、武术服装等相关物质产品，也包括中国武术文化在实践中形成的道德规范、礼仪与习俗等精神层面的相关内容。"④也有多位学者从武术文化形象视角对武术文化展开阐释，戴国斌的《中国武术的文化生产》可看作此方向研究的火种，现象学、身体哲学、伦理学、文化精神⑤以及善、度、礼、势等哲学概念⑥的武术解答，很好地丰富了武术文化形象的气质。袁金宝给予了具体的概念界定，认为武术文化是主体人（群体）对自己编织的武术意义世界中，对具有信息价值的外在形式和内在思想在其认知上所产生的普遍判断和看法。⑦

　　最终，不论我们对武术文化的概念如何界定，但是可以形成共识的是"武术文化是中国传统文化的产物，是中国传统文化的沉积与反映，渗透着中

① 温力.武术与武术文化[M].北京：人民体育出版社，2009：8—14.
② 王龙飞，王凯.论我国传统武术文化发展的影响因素与空间模式[J].南京体育学院学报，2022（1）：41—47.
③ 程大力.体育文化历史论稿[M].成都：四川大学出版社，2004：6.
④ 王岗，郑晨.新时代中国武术优秀文化的现代化创新论说[J].首都体育学院学报，2022（2）：1—7.
⑤ 戴国斌.中国武术的文化生产[M].上海：上海人民出版社，2008.
⑥ 杨建营，王水利.中国武术的文化精神研究[J].武汉体育学院学报，2019（3）：58—62.
⑦ 袁金宝.概念、内涵、困境：当代中国武术文化形象的多维解构[J].武汉体育学院学报，2020（3）：54—62.

国传统文化的色彩"。

（三）对武术教育概念的研究

武术教育作为教育史上的艺苑奇葩，其内容与形式以及所具有的功能与价值不仅在中国乃至在世界范围均展示出独树一帜的特性。"武"自其产生之日起就被纳入我国古代教育体系，夏代的学校"庠"以习射为主要内容，商代的学校"序"除了习射外还兼学武舞，而周代以至春秋在学校教育中教授的"六艺"，"射、御、乐"也明确含有"武"的因素。在这个教育过程中，武术并非简单地作为搏杀之术授之以人，还被纳入伦理道德的范畴教化育人。

武术与教育的联姻由来已久。但是，时至当代在人们热衷于谈论武术教育的功能与作用时，却发现对武术教育本质的认识并不是十分清晰，武术教育的概念并没有像武术的概念那样引起学者们的普遍重视。通过梳理武术教育的概念发现，大多数学者给出的定义均为语词定义，即对武术教育一词已确立的意义的说明，是关于武术教育已确立的语言意义的判断。郭玉成认为："武术教育不同于语文、历史、德育教育，它是以文化教育和身体教育有机统一的。"[①]邱丕相认为："武术教育，不仅仅指武术教学，它的研究范围更广，是指通过武术教学过程，使受教育者从身体上、技能上、品行上、人格上得到教育塑造。"[②]中央国术馆在筹备期间即提出了武术教育应该"术德并重、文武兼修"。这也成为中央国术馆办学的基本原则。[③]朱永飞等借鉴以上观点，认为"通过对武术的学习，从学生练拳到最终的拳磨炼人，能够使学生的人格、心理都得到极大提升，使人成为'完人'"。[④]樊花梅以"现象学精神"为引导，从理性、价值和科研等方面对当代中国武术教育进行论述，分析认为："理性的武术教育应当是能够帮助学生在武术实践中获得自我理解、自我

---

① 郭玉成. 中国民间武术的传承特征、当代价值与发展方略[J]. 上海体育学院学报，2007（2）：40—44.

② 邱丕相，王国志. 当代武术教育改革的几点思考[J]. 体育学刊，2006（2）：76—78.

③ 麻晨俊，高亮. 中央国术馆武术教育考述[J]. 体育文化导刊，2019（8）：105—110.

④ 朱永杨，代国. 学校武术教育的时代诉求[J]. 中华武术研究，2011（2）.

尊重、自我反思的教育过程，是满足学生精神文化需要的教育过程，是实现'以人为本'武术教育的具体体现。"[1]李龙在其博士学位论文《历史学视野下的中国武术教育》中，给武术教育下的定义是："武术教育者按照一定的目的要求，对受教育者进行武术技术与武术理论的传授或熏陶，从而达到对武术受教育者施以影响的一种有计划、有目的的活动过程。"[2]王宏从功能角度认为，从本质上讲武术教育是对习武群体身体至心灵的具身教化，实现上武得道平天下、中武入哲安身心、下武精技防侵害的技艺修为。[3]王巍堡认为，武术教育是由教育者根据社会文化传承发展的要求和人的身心发展的规律，对受教育者所实施的一种系统影响活动。[4]

以上所列举的武术教育定义均为说明的语词定义，是对武术教育这一语词自身的判断，而与武术教育所表示的事物无关。语词定义的形式虽然同样可以揭示概念的内涵，但是它并不揭示事物的特有属性，也就是说，目前武术教育的定义并不揭示其本质属性。这样势必会影响人们对武术教育目的以及功能的认识，因为一个事物具有的功能是由其本质属性和社会需要所决定的。因此，采用真实定义的方式揭示武术教育的本质属性是我们确立武术教育目的的重要依据。

（四）对学校武术教育概念的研究

从目前的研究来看，虽然许多学者将学校武术教育作为自己的研究方向和研究议题，但是大多数学者却很少对学校武术教育的概念作出一个明确的界定，而是将学校武术教育默认为武术教育。虽然从目前我国武术教育发展

---

[1] 樊花梅."现象学精神"对当代中国武术教育发展的启示[J]. 体育学刊，2011（3）：128—131.

[2] 李龙.历史学视野下的中国武术教育[D]. 上海体育学院博士学位论文，2007.

[3] 王宏，程瑾瑜，郑薇娜. 论学校武术在爱国主义精神培育中的使命[J]. 体育文化导刊，2018（4）：99—103.

[4] 王巍堡，杨豆豆，康涛.论传统武术教育中的文化冲突[J]. 广州体育学院学报，2021（6）：70—74.

的大环境来看，学校作为教育的主要场所同样承担着武术教育的重任，且在各种武术教育载体中处于核心和首要的位置。但是学校武术教育并不能代替武术教育，毕竟社会武术教育依然有旺盛的生命力和鲜明的特色。以武术为代表的中国传统体育进入学校教育是在新文化运动期间，是国粹主义者与新文化倡导者在中国文化发展上争论的妥协结果。历史学家汤因比说："在不同文明的碰撞中，若被侵略的一方未能抵御入侵文化的传播而使它的某个文化站稳了脚跟，它唯一的生存机会就是来一场心理革命。"①就学校武术教育而言，也是有必要突出自身特点区别于社会武术教育，形成独特风格与特色的。在此方面，刘彩平从教育和体育的理解入手，将学校武术教育定义为："在当代社会背景下，以武术为教育内容，通过身体运动对人进行全面的教育，促使个体的社会化和社会的个性化的实践活动。"②同时杨建营指出："学校武术教育可大致划分为在各级普通学校体育课中开展的武术普及教育、在专业院校开展的武术专业教育两大块内容。两者之间虽有相似之处，但也存在很大区别。前者是以武术来服务社会，利用武术中的适宜内容来培育精神、增强体质，其中虽然也传承了一些武术技法，但显然不是重点……后者是传承武术、发展武术，把武术完整的技术体系传承下去，通过科学化的方法发展起来。"③

二、对学校武术文化教育的功能与价值的研究

在当前的学校教育中，武术文化教育生存空间不断被挤压。然而，不争的事实是武术教育具有独特的功能和价值，是其他学科教育所不能取代的。在学校中传承武术文化，"可以让习武者接受中华民族的传统技击、军事理论、传统哲学、传统伦理道德、古典艺术等文化的熏陶和感染"④，在武术文化的学习过程中，"培养习武人的善于思考、吃苦耐劳、持之以恒、顽强拼搏、勇敢

① 汤因比.历史研究（下卷）[M].郭小凌，等译.上海：上海人民出版社，2010：809.
② 刘彩平.当代学校武术教育价值刍论[D].北京体育大学博士学位论文，2010.
③ 杨建营.普通学校武术教育改革理念探析[J].沈阳体育学院学报，2016（4）：128—133.
④ 胡平清.武术教育在学校体育中的功能研究[D].北京体育大学博士学位论文，2013.

自信、宽容合作等个性"①。刘彩平将"学校武术教育价值按其作用范围分为生理价值、精神价值和社会价值,在生理方面表现为内强外壮,在精神方面则表现为心理健康、尚武崇德、'诗意地栖居'、人格和谐,在社会方面表现为适应冲突交往"②。总之,武术文化所具有的功能与价值受到了普遍的认可,对此研究的成果已经非常丰富。

(一)传承中华文化

习近平总书记在中共中央政治局第十三次集体学习时强调:"抛弃传统、丢掉根本,就等于割断了自己的精神命脉。"③武术作为我国优秀传统文化之一,是外界认识中国的一扇窗口,受到了中国传统哲学、医学、兵学、文学、美学等的深刻影响。因此,为了延续这条精神命脉,武术教育有着丰富的传承中华文化的功能与价值。甚至有学者认为"不懂武术,无以知中国人",将武术看作是"中国人的存在方式"。④

康德强认为"武术是一个人体技艺文化体系","它体现着中华民族的文化、知识、信仰、道德、习俗以及作为社会成员的个体的能力、习惯等,是历史凝结成的为武术人群所共享的相对稳定的生存方式"⑤。学校教育应该承担起民族文化的继承、传播和推介的文化责任。因为,对文化的关注离不开教育,教育是文化形成和反作用于社会生活的中介点。⑥孙刚认为"中小学武术教育是促进中华文化在青少年中广泛传播的特殊路径","新的历史时期,加强中小学武术教育不仅有利于促进武术在我国青少年群体中的广泛传播,同时有利于培养大批未来的武术传播者,促进民族文化在青少年中的认同感和

---

① 胡平清.武术教育在学校体育中的功能研究[D].北京体育大学博士学位论文,2013.

② 刘彩平.当代学校武术教育价值刍论[D].北京体育大学博士学位论文,2010.

③ 新华社.中共中央政治局进行第十三次集体学习[EB/OL].http://www.gov.cm/ldhd/2014-02/25/content_2621669.htm.2014-02-25.

④ 阮纪正.武术:中国人的存在方式[J].开放时代,1996(3):24—29.

⑤ 康德强.当代中小学武术教育的文化使命[J].教学与管理,2012(27):151—153.

⑥ 王岗,邱丕相.重构中国武术教育体系的理论研究[J].上海体育学院学报,2008(3):61—66.

使命感"。①在面对西方文化的强势冲击下，邱丕相认为："不断增强青少年对民族优秀文化的认同和自信，振奋民族精神，凝聚民族力量，是一项十分紧迫的任务。"②传承文化就传统的武术文化而言，可细化为"整体层面的文化传承体系"和"核心层面的精神铸造体系"，两者分别发挥着中华武术的文化传承价值和精神教育价值。③马文国从文化安全的视角论述了中国武术的当代教育使命："作为民族文化之重要载体的中国武术应在捍卫民族文化安全的严峻形势下起到传承民族优秀文化、弘扬民族精神的历史使命，这不仅是当前历史形势的需要，也是延续中国武术生命力的最佳方式。"④可以确认的是："武术教育可以使学生在继承我国这一传统文化的基础上进一步了解中国传统文化知识，吸取传统文化精华，这对培养强烈的民族自尊心和自豪感，激发学生的爱国热情，树立热爱祖国、热爱人民、热爱集体的良好道德修养品质都有积极的意义，在有利于对学生爱国精神教育的同时，更是对我国民族传统文化的继承和发扬。"⑤武术功能逐渐从具有浓厚技击与军事价值而承载强国保种、救亡图存与振兴中华的教育功能逐渐趋向多元化发展，蕴含强健体魄、塑造习武之德、传承文化精义与厚德载物的民族精神。⑥可以确信，学校武术教育不但可以增强青少年体质，而且可以让他们在身体运动中感受到民族文化的厚重，接受这种文化的熏陶，体悟"技术后面的文化"⑦。

---

① 孙刚. 新时期中小学武术教育的文化使命与实践策略[J]. 当代教育科学，2014（12）：62—64.

② 邱丕相，马文友. 武术的当代发展与历史使命[J]. 体育学刊，2011（3）：117—120.

③ 杨建营. 基于民族复兴目标的学校武术传承体系研究[J]. 体育科学，2020（11）：20—30.

④ 马文国. 文化安全视野下中国武术的当代教育使命[J]. 西安体育学院学报，2009（1）：57—60.

⑤ 袁伟静. 武术对大学人文教育的价值思考[J]. 搏击（武术科学），2007（10）：16—18.

⑥ 杨旭峰. 基于功能嬗变的角度论我国当代学校武术教育[J]. 山东体育学院学报，2011（4）：93—96.

⑦ 马文国. 文化安全视野下中国武术的当代教育使命[J]. 西安体育学院学报，2009（1）：57—60.

（二）培育民族精神

民族精神是一个民族历史积淀、世代相传、不断发展的价值追求和精神支柱。然而，传承和培养民族精神是需要载体的。2004年，中宣部、教育部联合出台了《中小学开展弘扬和培育民族精神教育实施纲要》，指出体育课要适量增加中国武术等内容。2020年教育部印发的《高等学校课程思政建设指导纲要》提出，体育类课程应"注重爱国主义教育和传统文化教育，培养学生顽强拼搏、奋斗有我的信念，激发学生提升全民族身体素质的责任感"。武术教育所担负的文化责任在某种意义上已超越了单纯的武术技能学习与身体锻炼的功能，承担着培育民族自信、弘扬民族精神、构建与延续文化认同、传承与创新传统文化以及为国家的可持续发展提供精神动力的崇高责任和神圣使命。[①]武术已超越了自身的价值，成为英武刚健的民族精神的象征和培育弘扬民族精神的重要手段。这充分反映了武术教育承载着培育民族精神的功能与价值。

邱丕相在《弘扬民族精神中的武术教育》一文中呼吁："应该从文化战略的高度认识武术当代发展的价值定位，把武术作为一种弘扬民族精神的文化资源，作为一种道德修养建设的教育资源和手段，武术教育才能大有所为。"[②]经广泛调研，经多轮筛选提炼，最终凝练出武术课程的6个思政元素：民族精神、尚武崇德、文化自信、规则意识、科学精神、家国情怀。武术曾作为"拯救文化、拯救民族"进而"培育精神、复兴民族"的实践途径得到无数革命党人的重视，后来甚至被提到"国术"高度而大加提倡；着眼当下，面对学校教育领域因过度重视知识学习而忽视了素质教育，致使广大青少年出现经不起风雨、阳刚气质下降的现状，弘扬和培育民族精神又被提上了日程，

---

① 彭鹏，尹碧昌，郑锋.学校武术教育的发展审视[J].武汉体育学院学报，2019（12）：46—51.

② 邱丕相，戴国斌.弘扬民族精神中的武术教育[J].哈尔滨体育学院学报，2005（4）：1—3.

学校武术教育功能与价值研究中华武术的精神培育价值再度凸显出来。[①]因此，深入地发掘武术内涵的民族精神，并在弘扬和培育民族精神中发挥积极的作用，则是武术教育理应承担的历史责任，甚至可以将培育民族精神看作武术教育的历史使命。武术精神承载着民生福祉担当的精神传统，中华武魂与伟大的爱国主义精神相通相合。"武化教育的变化轨迹与国家强弱是对应的，武化教育是国家'图存'与'图强'的动力之源，国家所恃以成立，文明所赖以维持。"[②]曲宗湖讲道："我们应用中华武术发展历史，对青少年进行爱国主义教育，它的确是生动而实际的好教材，能够焕发他们热爱祖国文化、参加武术运动的积极性。"[③]李龙从历史学的视野论述："武术教育是弘扬、培育民族精神，增强中华民族凝聚力的有效手段。之所以这样说，是因为武术中蕴含丰富的以爱国主义为核心的民族精神。"[④]王明建在《武术教育价值的重审与再释》一文中写道："以武术为载体和支撑点进行爱国主义、弘扬民族精神的教育是当前武术发展的历史使命，而武术以何种方式、内容、手段对中国3亿青少年进行武术教育，是当前学校武术课程改革的关键……相对于学校的'西方体育'而言，武术在新时代对我国青少年树立民族自尊心，培育民族精神，增强民族凝聚力和民族自豪感，增强民族自信和文化自觉的教育价值具有不可替代的重要地位。"[⑤]尚武精神的培养也是至关重要的，尚武精神不仅仅只是崇尚武力抑或者优秀的精神品质，更是不可或缺的民族气节。尚武精神的内涵绝不止于重信守诺、顽强拼搏，更多地展现在为国家、为民族的舍生取义。[⑥]

① 冯香红，杨建英，杨建营. 张之江武术思想的主旨及其当代价值[J]. 北京体育大学学报，2018（11）：123—129+138.

② 张峰，石萌，张德良，葛书林. 学校武化教育的目标定位[J]. 上海体育学院学报，2018（4）：94—99.

③ 许江，司幸伟. 学校武术教育改革的文化使命[J]. 搏击（武术科学），2008（11）：64—66.

④ 李龙. 历史学视野下的中国武术教育[D]. 上海体育学院博士学位论文，2008.

⑤ 王明建. 武术教育价值的重审与再释[J]. 成都体育学院学报，2010（12）：43—45.

⑥ 马佩，杨刚，姜传银. 衰微与重塑：论古今之尚武精神[J]. 体育文化导刊，2018（3）：134—138.

（三）促进身心和谐发展

由于武术受到中国传统"天人合一"哲学观的影响，追求和谐是武术教育独特的功能和价值取向。在武术教育中，"通过领悟武术文化，以感悟'忠恕'之道。一方面做到'己欲立而立人，己欲达而达人'，学会关心人、帮助人、成就人，认真为社会和他人做贡献；另一方面做到'己所不欲，勿施于人'，学会宽容人、体谅人、尊重人，不损害他人和社会的利益"①。"利用传统武德'仁爱'的态度来对待周围的人和事，正确处理好人与人之间和人与自然环境之间的和谐关系，提高自身的思想境界和道德修养，培养与形成健康的个性，促进社会的和谐发展。"②因此，武术教育不能被看成单纯传授攻防格斗的技术，"它还具有培养道德修养、竞争意识、意志品质、审美能力以及提高身体素质与学习质量等良好的教育功能"③。武术汲取了中国文化中关于人学的底蕴与思想，武术教育始终将培养人格的完善放在首位。王岗认为中国武术就是一种追求教化的文化，"当练武者情感受到教化以后，必然能与他人的情感沟通，尊重他人，理解他人，与他人达到情感领域的融合和升华"④。张婵认为中国武术教育过程中"身体行为"的特征是"育体"教育的一种手段，"整体性的运动技术体系构架""矛盾性的运动行为设置"以及"求全性的身体运动轨迹"的分析论述，从今天生命健康促进的需要来看，都为中国武术在学校体育教育过程中"育体"目标的实现，准备了最夯实的内容资源。⑤虞泽民认为，学校武术教育应该基于以人为本的发展理念、人民日益增长的健康需求，坚持"健康促进"为核心的价值导向，通过中国武术来提高人民的健康素养，将武术锻炼内化为人民的生活习惯和健康实践，以期实现武术在

---

① 宿继光. 浅析武术文化在学校教育中对培养学生健全人格的作用[J]. 搏击（武术科学），2004（2）：64—66.

② 雷鸣. 武术文化的个体享用功能及实现途径[J]. 体育学刊，2007（9）：75—77.

③ 谢洪. 浅析高校武术的教育价值[J]. 搏击（武术科学），2009（7）：64—65.

④ 王岗. 中国武术：一种追求教化的文化[J]. 体育文化导刊，2007（3）：29—31.

⑤ 张婵，谭飞，王岗. 中国武术助力"德智体美劳"教育体系建构的理论审视[J]. 天津体育学院学报，2021（6）：722—727.

人民健康促进方面的价值。[①]

三、对学校武术文化教育改革与发展的研究

（一）关于学校武术教育改革思路的讨论

学校武术教育日渐式微，相关研究领域的专家进行了深入的调研和翔实的论证。2004年，教育部起草了《普通高等学校本科体育教育专业主干课程教学指导纲要》（教育部办公厅2004年9号文件）。针对现行学校武术教学暴露出来的种种问题，在《武术类课程教学指导纲要》中进一步明确武术类课程是以攻防技击动作为练习手段，以武术知识、武术技能和民族体育文化为主要内容，融健身、防身、修身为一体的体育实践性课程，明确提出了"淡化套路、突出方法、强调应用"的指导思想。[②]但是这一指导思想在学界并没有形成共识，甚至有人对其产生了曲解，认为"淡化套路"就是不教套路。为此，蔡仲林指出"淡化套路，并非不要套路，而是要突出重点——武术的教学内容和教学形式，使套路既体现武术的攻防技击性，内容又简短实用，同时还具有传统性的继承，要能够突出激发学生的学习兴趣"[③]。武冬认为制约学校武术教育发展的因素主要是"教学内容和方法陈旧单一""师资严重缺乏"。针对这一问题，他提出构建武术课程内容体系的原则应该是"突出拳种、优化套路、强调应用、弘扬文化"。在教学过程中注重"功、套、用"的统一，在教学方法上强调"打练结合"。[④]王岗针对武术教育存在的问题，提出重构中国武术教育体系的理论预设，认为改变中国武术教育的现状，必须树立武术

---

① 虞泽民，李英奎. 新时代中国武术价值定位与发展路径[J]. 体育文化导刊，2021（3）：42—46.

② 教育部. 普通高等学校本科体育教育专业主干课程教学指导纲要[S]. 2004：1—3.

③ 蔡仲林，施鲜丽. 学校武术教学改革的指导思想：淡化套路、突出方法、强调应用[J]. 上海体育学院学报，2007（1）：62—64.

④ 武冬. 体育教育专业武术课程教学内容和方法改革的研究[D]. 北京体育大学硕士学位论文，2006.

教育的国家意识、国学意识、学科意识、文化意识以及拳种意识。[①]杨建营立足于"弘扬和培养民族精神"以及"构建社会主义和谐社会",认为学校武术教育的定位应该是培养"在具备勇于拼搏、坚忍不拔的竞争精神基础上,追求和谐相处"的中国精神。[②]据此,彭国强、杨建营[③]给出了具体的改革方针,认为学校武术教育的改革应重视以技击为本质的文化教育研究,确立以学生为本位的教育研究方向,在理论与实践的结合中打破学术泡沫和消除类别歧视促进学院化体系与民间体系的融通四大方向去努力。邱丕相提出了"淡化套路,突出方法,强调应用;权威性、指导性教材与地方性教材、校本教材相结合;汲取传统武术营养;遵循'一看就喜欢,一学就上手'的原则;借鉴跆拳道、空手道的成功经验"的改革思路。[④]

　　学校武术教育经历了近十年的改革与发展,2013年9月,教育部成立了由上海体育学院牵头的全国学校体育武术项目联盟。该联盟的成立标志着学校武术教育改革进入一个新的发展阶段。根据全国学校体育7个项目联盟"增强青少年体质,提高学生运动技能,养成健全人格"的宗旨,"全国学校体育武术项目联盟"结合2004年以来我国武术教育改革成果,确立了"强化套路、突出技术、保质求精、终身受益"的武术改革理念;确立了"一校一拳、打练并进、术道融合、德艺兼修"的武术教育新思路。[⑤]全国学校体育武术项目联盟的成立改变了以往自上而下以行政命令的方式实施武术教学改革的方式,而是吸纳全国各大中小学和职业院校以单位名义加盟,充分地调动了基层学校实施改革的积极性,可以有效地实现政策落地,使改革富有成效。"一校一

①　王岗,邱丕相.重构中国武术教育体系的理论研究[J].上海体育学院学报,2008(3):61—66.

②　杨建营,邱丕相,杨建英.学校武术的定位及其教育体系的构建[J].山东体育学院学报,2008(9):73—76.

③　彭国强,杨建营.学校武术教育研究反思与发展方向寻绎[J].成都体育学院学报,2021(6):90—96.

④　邱丕相.中国武术文化散论[M].上海:上海人民出版社,2007:131—134.

⑤　赵光圣,戴国斌.我国学校武术教育现实困境与改革路径选择[J].上海体育学院学报,2014(1):84—88.

拳"改革思路的提出充分考虑了传统武术内容丰富又具有地方文化特色的特点，使不同区域的学校结合当地武术特色，发挥学校优势开展武术教学。并且"一校一拳"也保证了学校武术教学的连续性，使学生可以系统地学习一项拳种，有利于学生习武习惯的养成。

早在20世纪末，不少学者从不同角度提出了学校武术存在的问题。直到2002年，党的十六大把"坚持弘扬和培育民族精神"作为文化建设的重点，尤其是2004年，中宣部、教育部联合出台文件指出"体育课应适量增加中国武术等内容"之后，学校武术教育真正成为研究热点。中华人民共和国成立以来进行了8次课程改革。新形势下，部分学者提出新观点，认为"回归技击"是武术教育改革思想的出发点，"弘扬文化"是学校武术教育改革的落脚点。柴广新[1]强调了武术教学"立足单势"等的重要性，认为需构建武术教育改革新思想的历史立论和教育理念、强调武术教学采用"立足单势"的必要性、应用"立足单势，打练合一"教学模式的适宜等。杨建营[2]课题组分别针对普通院校与专业体育院校提出学校武术教育改革设想，具体改革理念是"立足单势、强调技击，突出对抗、培育精神"。

除此，在新时代语境下，又融入作为贯彻"课程思政"等教育理念特色抓手的新内涵。武术在竞技比赛领域是体育，在学校教育领域则要凸显自己的民族文化属性。[3]刘健[4]、薛欣[5]等结合"课程思政"给予了学校武术教育课改思路的讨论，在学校武术教育的改革思路上给出了明确的具体方针，认为：

① 柴广新，孙有平，杨建营. 我国中小学武术教育改革新思想探析[J]. 上海体育学院学报，2019（4）：59—66.

② 杨建营. 基于民族复兴目标的武术教育之价值定位：培育刚健自强精神[J]. 天津体育学院学报，2021（3）：293—299.

③ 刘文武. 武术专业人才培养技能教育改革：制度屏障与跨越路径[J]. 天津体育学院学报，2021（6）：716—721.

④ 刘健，丁保玉. 武术文化融入思政教育价值诠释与实践路径[J]. 体育文化导刊，2021（12）：72—77.

⑤ 薛欣，高永强. 新时代"课程思政"理念下学校武术教育的回归与定位[J]. 南京体育学院学报，2019（5）：74—80.

"在学校武术教育中融入思政教育，可以多维育人，知行合一；在理念选择上坚持社会主义核心价值观的引导，在原则上坚守实现武术内驱性和外显性的统一，在功能上突出武术文化道德认知的引领，在形象重构上必须重视培养武术文化共同体意识。"薛欣也认为学校武术教育需借当下课程思政建设需求进行强势回归。也就是说，武术教育改革是多个利益主体共存的事件[①]，这些主体在武术教育改革过程中相互影响、相互依赖、相互制约。政府、学校、教师、学生是武术教育改革的核心利益主体，这些核心利益主体存在着特殊的内在联系，形成从属关系的链状结构，必须协调好每一环节。

（二）关于学校武术教育内容与方法的讨论

教育是一种有目的地培养人的活动，它规定着人的发展方向。因此，武术教育不仅仅是肢体的教育，更是对受教育者心灵的培育。这是近年来越来越被武术教育工作者所认可的观点。武术教育不但应该包含功法、套路、格斗等运动形式，而且还应该包含道德、审美、智慧等方面的内容，由此达到促进人的全面发展的目的。刘彩平认为学校武术教育要在整体性思维的视野下构建武术课程内容，突出拳种整体性作用的发挥，"在进行学校武术教育时，要遵循整体思维的指导，将拳种的功法、拳架、推手、散打、散兵等的学练融为一体，同时，以武术技术的传授为载体，加强武术文化内涵的体悟，使习练者身心和谐，与社会和谐，与自然和谐"[②]。然而，长期以来学校武术教育一直沿用中华人民共和国成立初期的模式和内容，以初级长拳、简化太极拳等套路运动为主要内容，追求武术的竞技化，教学内容和模式比较单一。针对这一问题，杨建营提出"在'淡化套路，突出方法，强调应用'的指导思

① 吉洪林，张峰.武术教育改革的实践困局与破解路径：基于利益相关者的视角分析[J].武汉体育学院学报，2020（6）：68—72.
② 刘彩平，徐伟军.整体思维视野下的武术及学校武术教育[J].山东体育学院学报，2011（6）：85—89.

想指引下，采用以对抗类武术为主的教学模式是改革的大方向"①，并且对教学内容的选取提出了具体的方案："小学以简单实用的基本功、基本技术、基本动作组合为主；初中以基本技术、基本动作组合的对抗性练习为主；高中以一些由实用的组合连接而成的简短套路的教学为主；大学以不同风格的拳种、不同类型的武术选项为主。武术操、博击操可贯穿于从小学到大学的课间操的始终。"②同样，也有学者认为"学校武术教育应坚持以技击为核心，加强中华传统文化的渗透"③，从而突出武术教学"体用兼备、打练结合"的特点。

　　武术段位制的推广实施丰富了学校武术教育的内容和手段。洪浩认为："中国武术段位制改革与中小学武术教育发展具有高度的契合性。段位制有助于规范中小学武术教学内容，是促进中小学武术教育发展的有效措施，段位制的引入为困境中的中小学武术教育找到了破解难题的良方。"④但是，也有学者认为："《武术段位制系列教程》内容繁杂，不是武术本真体现，不宜在学校推广。"⑤总之，"学校武术在教学内容设置上应体现武术本质属性与青少年身心发展相契合的原则"⑥，避免单一的套路教学和竞技化的发展方向。

　　学校教育是通过学校培养人才，以培养人为中心，利用不同的学科知识培育学生的能力，促进学生的身心健康及全面发展。武术作为体育学科的一个运动项目，也必然用其武化学生，增强其体质，培养其精神，培育其运用

---

① 杨建营，邱丕相. 从武德的实质和精神内核探析当代武术教育改革[J]. 沈阳体育学院学报，2009（3）：112—114.

② 杨建营，邱丕相. 学校武术的定位及其教育体系的构建[J]. 山东体育学院学报，2008（9）：73—76.

③ 朗勇春，张文涛，李伟艳. 当代学校武术教育的失范与矫治[J]. 上海体育学院学报，2011（5）：48—51.

④ 洪浩. 武术段位制引入中小学教学必要性研究[J]. 北京体育大学学报，2010（7）：115—118.

⑤ 张德良，石萌，张峰，张小敬. 回归武术之本真：再论我国学校武术课程设计[J]. 首都体育学院学报，2015（3）：137—142.

⑥ 刁方林，杨利军，方亚冰. 新时期学校武术发展的思考[J]. 内蒙古财经学院学报（综合版），2011，9（1）：89—92.

武术进行健身和防身的能力，属于我国非物质文化遗产发展5个环节（抢救、保护、传承、发展、利用）中的利用环节。①尝试在武术课程中融入生命教育内容，唤醒武术的生存、生命教育内涵，并在此基础上转变教学理念才是学校武术改革的关键。②将学校武术普及教育的定位由增强体质、增进健康的运动项目上升为凝聚中华民族精气神的实践途径，建立起以简单直接的对抗类技术为主体的课程体系，通过"礼仪+对抗"的模式培育刚健自强的民族精神。③理论的诠释、显著事实的确定以及事实与理论的匹配组成了我们追求科学的基本范式，学校武术教育研究者应以科学的精神和科学的方法为准则，注重武术教育理论与实践的相互结合，以问题导向，真正探讨和解决学校武术教育改革过程中的实际问题。④现在最为突出的问题，在教的环节教师只能把整个套路教完，让学生记住练会，至于动作规范、技术内涵、理法规定、风格韵味等深层次内容，基本无从涉及。这类教学方法使学生死记硬背几个武术套路以应付考试。⑤根据教学论中关于知识、技能"只有熟练掌握方能实际运用"⑥的理论，这种蜻蜓点水式的专业必修课教学，只停留在学的水平，根本达不到用的程度。据此，戴国斌认为，兼顾施、受教育者两个方面的权益和诉求，平衡武术发展与人（学生）的需求满足的"双赢"，聚焦武术教育的重要环节——复习，从3个维度设计武术教育过程的初步框架。通过写、识、解武术术语和理法提升武术教育的文化性，通过开放、应用、联系技术

① 杨建英，杨建营，徐亚奎. 学校武术教育的发展轨迹探析[J]. 北京体育大学学报，2017（7）：125—131.
② 陈飞，王晓东，杨建营. 人类生存视域下武术课程的改革与反思[J]. 沈阳体育学院学报，2018（5）：140—144.
③ 杨建营. 基于民族复兴目标的学校武术传承体系研究[J]. 体育科学，2020（11）：20—30.
④ 戴国斌，刘祖辉，周延. "锻炼行道，练以成人"：中国求道传统的武术文化实践[J]. 体育科学，2020（2）：24—31.
⑤ 柴广新，孙有平，杨建营. 我国中小学武术教育改革新思想探析[J]. 上海体育学院学报，2019（4）：59—66.
⑥ 李秉德. 教学论[M]. 北京：人民教育出版社，2001：234—245.

环节提高武术教育的趣味性，通过变换技术组合、创设应用情境加深学生对武术技术的掌握程度。①

（三）关于学校武术教育师资的讨论

"教师是教学的指导者，如果学校武术教育改革不从师资入手，而只是做其他方面的文章，终归是隔靴搔痒，不及痛处。"②教师素养的高低决定了教育教学活动的最终效果以及教育目标的实现程度。李富刚认为："一个武术教师的能力全面与否关系到更加富有活力与互动效应的新型师生关系能否真正建构而成，也关系到能否真正激发学生练习武术的兴趣与不断加深其身心体验的持久动力。"③由于历史原因，武术专业技能教育的师资基本都是在专项模式下培养出来的，这就意味着武术专业技能教育如要打破专项，需遵循"立足拳种"的武术专业技能教育改革理念。④因此，武术教师能力的高低与否与学校武术的健康发展息息相关。

武术师资水平不高，缺乏专业的武术教师，这是多数学者长期以来所关注的问题。2014年3月，江苏省颁布了《江苏省义务教育体育与健康课程实施方案（试行）》，将武术"升格"为小学、初中体育必修课。这一推动学校武术教育发展的积极举措却带来了人们的顾虑——谁来教？中国江苏网以《武术"普进校园"，师资从哪里来》对此事件进行了报道："铜山清华中学现有学生3000余名，11名体育教师中只有两名专业武术教师。这还算好的，大多数学校连一名武术教师都没有，这课怎么上？'"⑤据国家体育总局武术研究

---

① 刘文武，戴国斌. 武术教育改革三题：文化·兴趣·掌握[J]. 北京体育大学学报，2019（8）：138—147.

② 刘文武. 传统武术进入我国学校系统的必要性及其途径研究[J]. 北京体育大学学报，2013（1）：97—101.

③ 李富刚，徐琳琳，季浏. 对学校武术教学内容的反思[J]. 西安体育学院学报，2014（5）：613—620.

④ 杨建营. 体育院校武术专业技术课程改革理念探析[J]. 体育科学，2018（12）：3—10.

⑤ 蒋廷玉，王拓. 武术"普进校园"，师资从哪里来[EB/OL]. http：//21wushu.com/Read-News.asp?newsID=10707，2022-9-20.

院《关于学校武术教育改革与发展的研究》课题组的调研结果显示："目前我国中小学武术教师的配备严重不足……各地区中小学武术课主要由一般体育教师担任，所占比例为70.8%，在所调查的体育教师中，在大学期间专修过武术的比例仅占15.9%，武术专业教师只占29.2%……武术教师的配备难以满足武术教学的实际需要，直接影响中小学武术活动的开展。"[①]而据黎桂华对我国青少年武术教育的现状进行调查分析，情况更为严重，"95.7%的中小学没有专业武术教师，武术师资的不足和武术教学水平不高严重制约了青少年武术教育的发展"。[②]师资力量不足已成为困扰学校开展武术教育的重要因素。"传统武术进入学校在现实操作中遇到的最大问题是师资问题。"[③]具体到实践层面，吉洪林、彭国强在师资方面给予了具体的实施方案。吉洪林[④]认为在师资配足方面除了国家颁布相关指令外，发挥社会力量的协同化至关重要。"在条件允许的情况下，有些学校可以根据自身的实际情况，聘请校外能够担任武术教育改革任务的师资力量，可以外包，也可以同校外师资力量共同开展学校的武术教学活动。"彭国强[⑤]认为，一方面可以由学校出面，聘请民间武术拳师到学校观摩任教，学习学校的先进教学理念，组建学校传统武术社团，让更多爱好武术的学生了解"原味武术"，让民间传统武术在学校"开花"；另一方面，当代学校的武术任课教师大多由竞技武术出身，没有接触过传统武术的传统训练，缺乏实战经验，对传统武术认识不足，学校可以定期组织教师向民间拳师学习、交流。

---

① 国家体育总局武术研究院. 我国中小学武术教育改革与发展研究[M]. 北京：高等教育出版社，2008：1—18.

② 黎桂华. 我国青少年武术教育现状的调查研究[J]. 武汉体育学院学报，2009（9）：65—68.

③ 刘文武，王裕桂. 论竞技武术发展和传承武术技击性的途径[J]. 山东体育学院学报，2011（11）：75—77.

④ 吉洪林，张峰. 武术教育改革的实践困局与破解路径：基于利益相关者的视角分析[J]. 武汉体育学院学报，2020（6）：68—72，100.

⑤ 彭国强，杨建营. 学校武术教育研究反思与发展方向寻绎[J]. 成都体育学院学报，2021（6）：90—96.

高校以"运动技术技能"为价值取向的体育教师专业性定位，难以完成立德树人的任务。[①]因此，我们首先要进一步强调学校武术教师教育中武德的重要性。武德是每位师傅要求徒弟遵守的行为规范，"武德也成为师傅管理徒弟、武术文化改造武术人的一双看不见的手"[②]。高校武术教学，教师在传授技术动作的同时，也应将武德教化孕育其中，通过武德教育增强学生良好品德意识、规范学生日常生活行为、培养学生为人处世之道，为学生树立正确的人生观、价值观、世界观打下坚实的基础。[③]其次，也要提升教师的师德风范和育人能力。武术教师不应该只是单方面的技术过硬，还应该成为理论专家，具备辨别思维习惯弊端的能力，能够抵御西方竞技体育思想的冲击，能够运用正确的思维打破西方体育思想的固化，在教学过程中，突出传统文化对人发展的影响，突出武术对身体、道德的积极作用，切实提高武术教师的师德风范和育人能力，才能为人们提供长期系统的道德服务。[④]在师资力量相对充足的情况下，为防止由分组可能造成教学组织和安排上的混乱，各个教研室人员构成仍以教师原来所从事的专项为分组依据，如原来归属套路教研室的教师，仍留在此科室，科室更名为武术教研室，依此类推。[⑤]

（四）关于学校武术教育评价的讨论

教学评价折射着时代诉求，昭示着课程价值取向、教学模式与教育观念。[⑥]教育评价是指依据教学目标按照科学的标准，运用一切有效的技术手段，

---

① 喻坚."立德树人"教育理念下的体育教育专业人才培养新探[J]. 中国学校体育，2014（4）：29—31，40.

② 戴国斌. 中国武术教育"格拳致知"的文化遗产[J]. 体育学刊，2017（3）：16—23.

③ 马文友."全人教育"理念下高校武术教学改革的理论设计与实践路径[J]. 南京体育学院学报，2020（9）：73—78.

④ 刘健，丁保玉. 武术文化融入思政教育价值诠释与实践路径[J]. 体育文化导刊，2021，（12）：72—77.

⑤ 刘文武. 武术专业人才培养技能教育改革：制度屏障与跨越路径[J]. 天津体育学院学报，2021（6）：716—721.

⑥ 毛振明. 体育教学论[M]. 北京：高等教育出版社，2017.

对教育过程及结果进行测量，并给予价值判断的过程。在当前的学校武术教育中，教育评价并没有引起足够重视，普遍是以教学评价代替教育评价。在评价方法上，中央国术馆依据任课教师的一对一分组，共进行12回合，每回合1分钟的对试，以打点为主要评分依据，辅以考查学生在拳术、器械、摔跤和搏击中手眼身法步是否合乎法度，呼吸是否调匀，气力或为雄厚或为薄弱的主观评判。[①]具体到武术课堂中，有学者认为："就武术教学评价而言，目前所通用的教学评价指标主要是考查教师教授与学生掌握动作技术的效果，而很少涉及学生的武德修养水准与是否掌握了动作的攻防用法，但以上两方面内容恰恰是武术有别于其他体育项目的独特魅力所在。"[②]也有学者建议对教师的教学能力评价应更多地体现是否创造"教学相长"的学习与交流氛围；是否"既授鱼又授渔"；是否脱离"照本宣科"而创造性地使用教材；是否"因人而异、因材施教"等。[③]麻晨俊主张教学评价师生双重考核。[④]总之，评价是有效实现教育目的的重要环节。通过评价不仅可以检验教育目的的实现程度，更重要的是可以修正教育过程，最终为更好地实现教育目的服务。

四、存在的问题与不足

在学校武术教育研究领域中，尽管现有的研究成果已经非常丰富，但是在两方面还需进一步深入。第一，对于学校武术教育的目的没有引起研究者的足够重视；第二，人在学校武术教育中的主体地位没有得到彰显。

第一，关于学校武术教育目的的问题。当众多学者纷纷"把脉"学校武术教育的病症时，普遍认为造成当前困境的主要原因是教学内容陈旧、教学

① 民国日报社. 中央国术馆年终考试[N]. 民国日报，1930-12-29（4）.

② 洪浩，田文波. 现代化进程中武术教育新理念与体系重构[J]. 武汉体育学院学报，2013（11）：52—58.

③ 杨旭峰. 基于功能嬗变的角度论我国当代学校武术教育[J]. 山东体育学院学报，2011（4）：93—96.

④ 麻晨俊，汤卫东，高亮. 中央国术馆武术教学模式及启示[J]. 体育学研究，2021（2）：58—65.

方法单一、教育师资匮乏。武术管理中心主任王筱麟言简意赅地指出学校武术是"谁来教、教什么、怎么教"的问题。当我们试图解决这些问题的时候，却发现事情远远比想象的更复杂。教学方法、教学内容、师资队伍等问题只是学校武术教育所面临困境的表象，而对于造成困境的深层次原因并没有引起重视，所有的人将注意力集中在了学校武术教育的存在方式上，而忽略了学校武术教育存在的目的。教育目的是学校一切教育、教学活动的出发点和归宿，它指导和制约着学校的一切教育、教学活动。在诸多的学校武术教育研究中，几乎不曾涉猎教育目的的研究。但是在教育过程中，教育者所采用的一切手段与方法，以及课程内容均是为教育目的服务的。一旦迷失了目的，学校武术教育何去何从？这样就不难理解，目的不明确是学校武术教育出现困境的根本原因。至于教学内容陈旧、教学方法单一、教育师资匮乏等原因均是由于学校武术教育目的不明确造成的。

第二，关于人在学校武术教育中地位的问题。在以往的学校武术教育研究中，更多的学者关注于武术自身的发展，忽视了人在这一过程中的主体地位。通常我们更多地在强调武术的功能与价值，而对于这些功能与价值如何作用于人的身上总是办法不多。武术的传承与发展固然重要，但是学校武术教育存在的价值一定不仅仅是在于推动项目自身发展，更重要的应该是促进人的全面发展。如何处理好人的发展与项目发展之间的关系是应该认真研究的。项目的发展不能代替人的发展，但是人的发展却是促进项目发展的有效手段。因此，学校武术教育的实施应该充分地尊重人的主体地位，发挥人在教育活动中的主观能动性。不应仅仅把人看作武术传承与发展的载体，更应该让人成为学校武术教育活动的主体。在学校武术教育过程中只有实现了人的全面发展，才能有效地促进武术的传承与发展，从而保护这一"人类最大宗的非物质文化遗产"。也只有实现了对人的培养，武术的诸多功能与价值才能得以彰显，如武术的教化功能、弘扬民族精神的功能、防身自卫的功能等。

第二章　学校武术文化传承的目的是培养
具有武术文化素养的人

"一切社会主体的社会行为，归根结底在于实现其目的。"教育目的是实施教育行为的根本依据；是学校一切教育、教学活动的出发点和归宿，为教育行为指明了方向；制约着学校教育的内容、形式、方法以及过程；是评价教育效果好坏的标准。长期以来，在西方体育语境下的学校武术教育始终缺乏明确的教育目的，而往往以体育教育目的代之。由于武术教育的独特性以及与体育教育的非同一性，决定了学校武术教育目的的不可替代性。学校武术教育目的混乱与迷失，是造成目前学校武术教育盲目与无序的根本原因，也是造成学校武术教育诸多困境的根本原因。

在当前的学校武术教育研究中，学者们针对武术教育的功能与价值、历史与现状、传承与发展等问题展开了广泛而深刻的讨论。有的学者思古而忧今，怀念武术教育昔日的辉煌，诟病今日的没落；有的学者抒发对武术教育的情怀，试图回答"学校武术教育应该是什么"，畅想武术教育的美好未来。当我们苦苦思索学校武术教育"谁来教、教什么、怎么教"的问题时，是否应该仔细思考一下"在学校教育中为什么要对学生进行武术教育"？是否应该仔细思考一下学校武术教育的目的及其逻辑构成体系？回答这一问题的目的不仅在于使我们找到学校武术教育的逻辑起点，更主要的是我们在学校武术教育过程中有了行动的指南以及对实施效果的评价标准。然而，教育目的作为学校武术教育的根本问题并没有引起学界的足够重视。

"不忘初心，方得始终。"要解决学校武术教育中存在的问题，寻求学校武术教育的出路，不妨让我们回到问题的原点，思考"学校武术教育目的是什么"。根据《辞海》的解释，教育目的是"一定社会培养人的总要求，是根据不同社会的政治、经济、文化、科学、技术发展的要求和受教育者身心发展的状况确定的。它反映一定社会对受教育者的要求，是教育工作的出发点和最终目标，也是制订教育目标、确定教育内容、选择教育方法、评价教育效果的根本依据"。学校武术教育目的对于学校武术教育活动具有定向功能，不仅指明了培养什么样的人，而且还包括解决学校武术教育实际问题的具体路径；不仅是学校武术教育活动应遵循的根本指导原则，而且也是检查评价学校武术教育活动的重要依据。现实的情况是大多数人对于武术教育目的的认识仍然停留在传授技术和传承文化方面，明显地忽视了人在教育中的主体地位。

第一节　学校武术文化传承的本质

一、学校武术竞技化的问题

随着奥林匹克运动风靡全球，每四年一届的奥运盛会成为全世界人民瞩目的焦点。1964年东京奥运会，日本借东道主之利将柔道送入奥运赛场；跆拳道在被精心改造后，于2000年成为悉尼奥运会的正式比赛项目。时任国际奥委会主席萨马兰奇宣布北京获得2008年奥运会主办权时，武术迎来了走进奥运赛场的绝佳时机，"武术进奥运"一时成为人们热议的话题。

武术，这一中华民族瑰宝，为了迎合现代奥林匹克的规则与制度开始了对自身的改造，竞技化一度成为武术发展的主流与方向；高、难、美、新成为指引武术发展的"四字方针"。武术运动员跳得越来越高，武术器械变得越来越轻，旋风脚从360°转到了720°，腾空后的落地只求站稳。一系列的改造使武术丧失了攻防格斗的特点，成为"拿着器械的体操"。这一现象严重地波及学校武术教育，武术教育在学校教育中所表现出的功能和价值被湮灭。

　　竞技武术是武术的派生，是对武术进行体育化改造的产物，它根本代表不了武术。在学校开展竞技武术运动本无可厚非，各级各类学校有责任为国家培养优秀的武术运动员和竞技武术后备人才。然而，学校武术教育是面向全体学生的培养武术素养的教育，它通过武术教学，引导学生参与武术实践，并在武术实践活动中学习养成习武习惯，掌握基本的武术知识与技能，其主要目的还是在于培养学生良好的武术素养和武术道德，通过武术学习来促进学生身体和心理的和谐发展，提高学生的个人道德情操。因此，学校武术教育必须要基于武术及武术教育自身的规律来实施，否则就无法实现培养具有武术素养的人。作为学校武术教育，各方面都应该突出武术的特点。同时，学校武术教育是指一般的普通大、中、小学的武术教育，应该区别于专业武术院校的武术教育。对于普通学校的武术教育来说，首要任务是普及，"尖子"的培养应该在普及的基础之上完成。真正的学校武术教育应该突出武术的本质特征，而不是竞技武术的教育，同时又是一种普通学校的教育，而不是专业武术院校的教育。

二、学校武术套路化的问题

　　中华人民共和国成立以后，国家制定了统一的教学大纲体系，学校武术基本上沿用同一个教学计划、同一套教材。在20世纪六七十年代，"套路就是武术"[①]的观点深入人心。大多数人将武术攻防格斗的特点视为"禁区"，避而不谈，唯恐受到"唯技击论"的批判。学校武术课堂基本是以套路教学为主，格斗难见踪影。套路俨然成为武术的代名词，初级长拳、初级剑术、简化24式太极拳几乎成为各学校武术课堂的"标配"，有的学校甚至现在依然是这些内容。2004年，教育部组织有关高校起草了《普通高等学校本科体育教育专

---

① 　1961年，人民体育出版社出版的体育学院本科讲义《武术》中武术的概念是："武术是以拳术、器械、套路和有关的锻炼方法所组成的民族体育形式，它具有强筋壮骨、增强健康、锻炼意志等作用，也是我国具有悠久历史的一项文化遗产。"

业主干课程教学指导纲要·武术类课程教学指导纲要》，针对现行学校武术教学暴露出的种种问题，明确提出了武术类课程"淡化套路、突出方法、强调应用"的指导思想。

套路固然是武术比较于世界其他武技的精华所在，但是，长期以套路为主的武术实践活动逐渐脱离了武术的本质。尤其是体育化改造后的武术套路，朝着竞技化的方向发展，不再具备攻防格斗的功能与价值，背离了武术"练为战，不为看"的初衷。从20世纪80年代以后的武术定义看，武术经历了由"套路+格斗"向"功法+套路+格斗"的形式转变。虽然在形式上使武术的内容更加完整，但是却忽视了一个问题，即功法、套路、格斗作为个体均不具有武术的本质特征。这三者与武术是部分与整体之间的关系，而并非种属关系。也就是说，武术是由功法、套路、格斗组成的，就如树叶、树枝、树干、树根与树的关系，它们不具有树的完整属性。因此，套路化的武术教学并不能成为真正的武术教育，它无法承载武术的全部内涵，也不能完全实现武术教育的功能与价值。

三、实现学校武术文化的功能与价值在于把握武术的本质

有学者疾呼："武术在中小学，已名存实亡。"[1]这并非危言耸听，一方面，学校武术教育主要是通过体育课堂教学对学生实施，始终依附于体育教育而存在，缺少独立的生存空间和实施途径。在一个西化的体育教学环境中，学校武术教育不可避免地被体育化改造，成为实现学校体育目的的工具，等同于一项普通的运动项目。另一方面，部分学校从所谓的"安全"角度出发，为避免教学意外的发生，严令禁止在体育课堂进行具有风险的教学内容，对于开展有关攻防格斗技能的教学更是"谈虎色变"。通过以武术套路占据武术的课堂教学，以实现武术教育形式上的存在。我国体育学者任海认为："格斗类项目对人的培养，有其他体育项目难以取代的教育价值。现代武术主体与

---

[1] 《关于武术教育改革和发展的研究》课题组. 改革学校武术教育弘扬中华民族精神[J]. 中华武术, 2005（7）: 4—5.

格斗的脱离，是造成武术发展困境的根本原因，这种状况不仅割裂了现代武术与传统的血脉联系，而且模糊了武术项目在国际化中的面貌。传统武术在体育化的过程中形成了以套路运动为主体的竞技体育项目。套路本是为提升格斗技能的练习手段，格斗的消失，使手段成为目的，由后台进入前台，以美为标准，沿着非武化的方向演进，实际上形成了一个新的体育形态。"①

　　在实践过程中，经过体育化改造的武术确实也具有一定的功能与价值，但是远不能使武术教育功能和价值最大化，更无法实现武术教育本应有的最根本的功能和价值。由于武术教育的功能和价值依托于武术的本质特征而存在，因此，适当开展武术文化和攻防格斗技术的教学是必要的。只有突出武术本质的教育才是真正的武术教育。尽管武术的内容非常丰富，外延也很广泛，但是内涵是明确的，本质属性是唯一的。脱离了武术本质属性的教育显然不再是真正的武术教育，必然造成武术教育功能与价值的混乱。

　　武术文化的功能与价值究竟是什么？有学者认为：武术文化的功能与价值不仅在于传承中华文化，更在于弘扬民族精神，甚至上升到了国家安全的高度。不可否认，武术文化具有多种功能与价值。但是如果回避武术的本质谈武术文化的功能与价值，武术文化将不可能成为真正的"武术文化"。功能是事物存在的重要特征，主要由事物结构所决定。一个事物要发挥其功能，取决于该事物所具备的属性。如果不具备这种属性，它就无法实现人们所期望的功能。武术文化发挥其功能主要取决于两个因素，一是武术文化的本质属性；二是人和社会的需要。武术文化所具备的功能与价值自然是由武术文化的本质属性所决定，然而武术文化的本质属性又是以武术的本质属性为前提的。

---

① 转引自郑旭旭，袁镇澜. 从术至道：近现代日本武术发展轨迹[M]. 厦门：厦门大学出版社，2011：255.

第二节　武术的本质属性是具有中国传统文化
特点的攻防格斗的技术

一、关于武术本质属性的几种观点

目前，对于武术本质属性的探讨，学界观点大致分为三种。一种观点认为技击是武术唯一的本质；另一种观点是认为武术的本质是多层次的，技击不是武术唯一的本质；第三种观点否定了技击是武术的本质。经研究发现，学界对武术本质问题的争论，主要是源于对武术和本质这两个语词所表达的含义存在理解上的分歧。1998年出版的《中国武术大百科全书》中明确指出："技击是武术赖以存在与发展的前提和基础，技击也是武术最基本的特征。"但是依然没有降低学界对武术本质展开讨论的热情。

探讨武术的本质，首先我们应该明确什么是本质。"本质是指事物本身固有的，决定事物性质、面貌和发展的根本属性。"[①]武术的本质，就应该是武术所固有的，决定武术性质、面貌和发展的根本属性。尽管本质具有隐蔽性的特征，但并非完全无法把握。亚里士多德认为："一类事物的本质属性，就是该类事物的属加种差，而真实定义就是表示一类事物的本质属性的……"[②]据此观点，不妨让我们从武术的定义来把握武术的本质。

---

① 中国社会科学院语言研究所词典编辑室. 现代汉语词典[M]. 北京：商务印书馆，2011：65.

② 金岳霖. 形式逻辑[M]. 北京：人民出版社，1979：45.

二、"攻防格斗的技术"是武术的邻近属概念

形式逻辑学告诉我们，定义是揭示概念内涵的逻辑方法。真实定义就是属加种差的定义。对武术概念的定义首先就是要明确武术的邻近属概念，找准武术的所属范围，明确武术的指代界限，然后再寻找出武术的种差，即搞清楚在同类事物中，武术同其他事物和现象最根本的区别。探寻武术的定义，即明确解答武术是什么这一问题，不仅要搞清楚目前武术所表现出的各种现象，同时也要从历史学的角度追本溯源，探寻出武术的起点以及发展的基本脉络，搞清楚武术在不同历史时期的发展特点以及成因，寻找出武术发展中所出现的各个历史转折点，明确武术发展从实践到理论的整个过程，从一个系统全面的角度来追溯和审视武术的产生和发展，从而在窥见武术全貌的基础上寻找武术的本质。

攻防技能是人类所具有的本能之一，从原始先民同动物的搏斗开始，格斗就与人类的生存和发展产生了密不可分的关系，而武术的产生显然也与人类这一本能息息相关。因此，从历史发展的角度来看，将攻防格斗作为武术产生和发展的源头是合乎情理的。从这种认识的角度出发，武术与原始先民在生产劳动战争中所表现出来的攻防格斗密切相关，甚至与原始先民所创造的石器、骨器、木器也存在紧密的联系，尤其是在以狩猎为主要生存资料来源的原始社会，与动物的格斗已经成为其生产劳动的主要内容。"在以狩猎为主要生活、生产方式的原始社会，原始人经常要面临与自然界做斗争的场面，要在相对恶劣的环境中学会通过与自然的斗争生存下来，在这样艰苦恶劣的条件下，原始人便练就了与自然搏斗的本领。"[1]显然，上文中所出现的技能其实就是一种攻防格斗的技能，且这种技能贯穿于原始先民生活生产的方方面面。"武术所以成为武术，重要的还要有'术'。"[2]术在《说文解字》中解释为"邑中道也"，引申为方法、手段，亦可理解为技术。根据《现代汉语大

---

[1] 邱丕相. 中国武术史[M]. 北京：高等教育出版社，2008：9.
[2] 程大力. 论武术文化的内涵与外延[J]. 搏击（武术科学），2011（1）：8.

词典》中的解释，技术就是人类对于自然的认识和利用过程中总结出的经验、知识、结果或结论，当然，也可以泛指其他方面的操作技能或技巧等。可见，武术即有关于攻防格斗的技术。

从人类发展的轨迹和脉络来看，无论是在改造自然的过程中还是在创造相应的制度和文化的过程中，技术作为一种核心的要素都参与到其整个过程。与此同时，技术作为一种人类实践和文化集成的成果，又在人们改造自然和创造文化的过程中不断地被改进和发展。武术与人的生存和发展息息相关，是人类在成长和发展过程中文化创造以及实践探索凝结而成的重要成果，是人类为了达到相应的生存和发展目的而采用的技术和方式手段。纵观武术发展的历史脉络，技术的演变和更新是武术发展的重要走向以及核心要素，并且相对于武术精神、武术文化、武术礼仪等其他武术要素来说，武术技能的演变和发展始终处于一个先发和首要的地位，并且在一定程度上也影响和驱使着其他武术要素的演变和发展。从某种角度来说，技术伴随着人类发展的始终，甚至人类各种生产生活要素以及其他文化制度的发展都离不开技术这一核心要素。[①]因此就技术而言，它既是武术的基本形式，又是武术内容表达的基本途径，无论是徒手武术还是以器械形式展现的武术，无论是何种拳法、功法，都是以技术作为呈现的基本形式，其传承和发展也必须要以技术作为核心的途径和手段。

就武术的发展脉络来看，技术作为一个核心要素始终伴随整个发展过程，是武术的起点和发展的外在显现，同时也是发展过程中稳定不变的基本属性和特点，也是武术功能和武术价值得以发挥的主要载体。对于攻防格斗的研究和分析，也有部分专家将其称为技击，但是名称的转换也并不会妨碍研究的展开。例如，张山认为："技击是武术赖以存在与发展的前提和基础，技击也是武术最基本的特征。"[②]从原始先民之间所进行的部落战争，再到春秋战国

---

① [法]贝尔纳·斯蒂格勒. 技术与时间：爱比米修斯的过失[M]. 北京：译林出版社，2000：110.

② 张山. 中国武术大百科全书[M]. 北京：中国大百科全书出版社，1998：82—88.

时的纷繁战争，再到两宋时期的勾栏瓦舍，再到明清时期的镖局文化和秘密教会，这些贯穿古今的重要事件似乎都离不开武术的攻防格斗。到了清朝末期及民国初期，中华民族在西方列强的无情宰割下更加凸显了武术攻防格斗的重要性，孙中山先生在《精武本纪序》中也对武术的攻防格斗予以了高度评价。虽然到了20世纪60年代中国武术界出现了一种对"唯技击论"的批判，但是这也从侧面反映出攻防格斗这一武术的稳定属性，无论从历史发展的角度还是实践操作的层面，武术都是围绕攻防格斗技术展开的，因此，攻防格斗技术可以作为武术的邻近属概念。

虽然将武术的邻近属概念定义为攻防格斗技术，但它是一种"近乎道"的技术。从中国传统文化的特点来看，中国古人对技术的定义，既是一种生存和生产生活的技术，同时又体现出一种对道的追求，这种对道的追求其实就是一种技术在道义或道德层面上的约束和规范。这就导致了武术在发展过程中要面临一个具有矛盾性的发展境遇，即一方面，武术的攻防格斗技术需要依据人类的需要而不断发展和提升，提高攻防格斗在战争、狩猎、打斗等过程中运用的有效性，不断提高武术攻防格斗技术的自我超越和升华；另一方面，武术攻防技术的发展又必须在一种道义的前提下有序良性地发展，这种道义总体上说就是一种武术涵养和道德，人们所进行的武术攻防格斗技术必须要在武德的前提下保证自身受到一定的约束和规范。在人类历史发展的过程中，技术的发展才是推动社会发展的主要动力和核心要素，但是技术的快速发展同样是一把双刃剑，在快速推动社会发展的同时也给整个社会的运行带来了许多问题和阻碍，这就要求技术的发展不能成为一种盲目性的活动，其必须要在一定的约束下保持前进的正确方向，而这种约束就是规范，就是一种"理"和"礼"。这里的"理"主要是指一种武术发展的基本规律，其以武术的本质为依据，解释了武术发展的必然走向，而"礼"主要指向了武术发展之于人与社会的外在显现，规范了在武术活动中人与人之间相互关系的和谐发展，其规定了作为武术习练主体——人的行为和态度。

三、"具有中国传统文化特点"是武术的种差

武术是基于对攻防格斗现象的理性思维结果，在中国传统文化的影响下形成了一系列涉及攻防格斗的技术。具有中国传统文化特点是武术区别于世界其他攻防格斗技术的基本特征，也是武术作为传统文化系统存在的根本意义所在。攻防格斗的技术是武术邻近的属概念，是对武术的一个比较准确的文化表达，但这一表达并不完整，我们也不能据此认为所有攻防格斗的技术都是武术。正如沱沱河是长江的源头，我们不能说沱沱河就是长江一样。尽管武术的源头是攻防格斗的技术，但攻防格斗的技术却无法实现对武术完整和准确的表达。攻防格斗是人类的本能，尤其在人类社会早期，"国之大事，在祀与戎"（《左传·成公十三年》），攻防格斗是人类获得生存机会的必要技能。世界各民族在漫长的历史发展过程中都积累了广泛的格斗经验，形成了各具特色的格斗技术。只有当这种攻防格斗的技术浸润于中国传统文化之中，具有了中国传统文化的特点，才能凸显出武术的中国传统文化特性。事实上，直至当下，这依然是武术区别于其他格斗技术存在的最为突出也最为直观的文化表达，从这个意义上来说，传统文化的文化特色就成为武术最具特色的文化特征所在。

"拳起于易，理成于医"，表现的是武术与中国传统文化的紧密关联。这里的"易"是指儒、道两家共同的经典著作《周易》，是中国传统思想文化中自然哲学与伦理实践的根源，同时也成为指导武术发展的理论基础。"一阴一阳之谓道"，阴阳学说成为中国传统哲学和传统文化的经典论述，也成为影响中国文化进程的重要文化理论。其对于武术的理论发展与技术进步的影响是巨大的：在拳理上，武术家用阴阳五行、八卦生化的哲学观念作为哲理依据；在技法上，习武者以奇正相生、阴阳转化的辩证关系指导攻防格斗。而且，值得注意的是，在阴阳对应的思想影响下，在武术的发展进程中衍生出了一系列描述事物变化的原理，如刚柔、虚实、动静、开合、攻防、快慢等，这些理论被广泛运用于武术的技术理论中，对于中国武术作为一个身体文化系

统的形成与发展产生了深远影响。回溯历史，较早使用阴阳论述技击之道的是庄子，他说："且以巧斗力者，始乎阳，常卒乎阴，泰至则多奇巧。"（《庄子·人间世》）其后，《吴越春秋》记载越女论剑，越女即认为："其道甚微而易，其意甚幽而深。道有门户，亦有阴阳。开门闭户，阴衰阳兴。"在冯志强看来，"练拳先从无极始，阴阳开合认真求"（冯志强《太极拳精选》），不懂阴阳，也就无法习拳。太极拳"无极而生，动静之机，阴阳之母也"（王宗岳《太极拳论》）；形意拳"阴阳暗合，形意三源"（李存义《心意两仪歌》）；八卦掌"内讲气功分三节，外有手法分阴阳"（沙国政《八卦转掌歌》）。基于此，阴阳观念既是传统文化给予武术的一种外现，也是武术作为传统文化的一个重要文化特征，在这里，阴阳观念和阴阳学说成为武术与传统文化之间的一个关键的逻辑通路。

"中国哲学以'生命'为中心。儒道两家是中国所特有的。后来加上佛教，亦还是如此。"[①]中国传统文化是关于"生命的学问"，"是以人体生命的体验和对生命的理解来看待宇宙人生的哲学"。[②]就武术而言，其最为显著的文化特征就是习练者在追求技艺精湛过程中更为注重人的生命体验。拳谚有云："功夫依苦练，奥妙赖深思"，所体现出的也正是这种武术于人的生命体验的存在和表述。具体到技术习练，武术注重的是"由招熟而渐悟懂劲，由懂劲而阶及神明"的实践理性，强调的是"知行合一"这一中国传统文化的核心要素。在这里，技术练习不再是技艺本身，而成为生命修炼的一个特殊过程。"冬练三九，夏练三伏"，是对所追求武学真谛这一"行之惟艰"的生命体验过程的准确表述，只有感同身受，才能有所体悟。进而言之，"拳打千遍，其义自见，拳打万遍，身法自然"，更是对知行合一的外在表达：只有持之以恒地躬身实践，才是习武者的不二法门。正是基于这样的认识和体认，古人将有着非凡技术的人称为"得道高人"。悟道由此而成为是掌握和提高技术的必由之路。庄子的由技至道、技道合一的思想便是对这一文化现象的最准确

---

① 牟宗三.中国哲学的特质[M].上海：上海古籍出版社，1997：6.
② 刘俊骧.武术文化与修身[M].北京：中央编译出版社，2008：33.

表述。著名的寓言故事《庖丁解牛》，通过解牛之术阐述了道法自然。庖丁出神入化的技术来自道的指引，道在这样的文化表达中已不再是具体的技术和思想的总结，而成为特定文化系统的基本发展范式和指引。武术作为具有中国传统文化特色的身体文化系统，由技入道是其最为直观的文化特征，道也因而成为武术区别于其他国家和地区的格斗技术的根本思想特征，成为武术有别于其他格斗技术的根本所在。虽然受中国文化影响颇为深远的东亚与东南亚国家的文化表达中也有许多关于道的论述，但其更多追求的是技术之道，与中国武术所追求的哲学层面的道显然是有具体差异的。

四、武术的本质属性是具有中国传统文化特点的攻防格斗的技术

据此而言，武术的本质就是具有中国传统文化特点的攻防格斗的技术。之所以有这样的认识，是因为本质是一事物区别于它事物的根本属性。技击固然是武术的属性之一，但它不具有唯一性。拳击、柔道、摔跤等格斗技术同样具有技击的属性。因此，技击无法作为武术区别于其他格斗技术的根本属性。如果将具有中国传统文化特点作为武术的本质，存在同样的逻辑问题。中国文化博大精深，中医、绘画、书法、戏剧……无一不具有中国传统文化的特点。只有将"具有中国传统文化特点的攻防格斗的技术"作为武术的本质，才是武术既区别于域外武技，又区别于其他具有中国传统文化特点的事物的根本属性。换句话说，只有"具有中国传统文化特点的攻防格斗的技术"才是判断武术的唯一标准。这就符合了逻辑学关于本质的决定性和单一性特征。

根据定义的规则，我们给武术下定义：武术就是具有中国传统文化特点的攻防格斗的技术。这个定义揭示了武术的内涵，反映了武术的特有属性。攻防格斗的技术是武术邻近的属概念，中国传统文化特点是武术区别于其他攻防格斗的技术的种差，具有中国传统文化特点的攻防格斗的技术是武术的本质属性。尽管要找出武术真正的定义，犹如真心实意但又误入歧途的捕centaur（希腊神话中人首马身的怪物）的猎人，可能永远找不到，但我们认为，探究武术的定义及其本质，将为武术的传承与发展奠定理论基石。

第三节　武术概念的外延

一、对武术概念的划分

划分是明确概念外延的逻辑方法。一个概念的外延，可以是一个单独的事物，也可以是许多事物，甚至有时是无穷多的事物。当一个概念的外延是无穷多的事物时，这类概念的外延将无法用列举法来穷尽。但是我们可以根据属性的不同把这个概念的外延分成许多小类。划分的标准，可以是一个属性，也可以是几个属性。

根据概念划分和分类的规则，对武术进行分类的标准可以是：技法、地域、时间、表现形式等。其中，按技法可以将武术划分为形意拳、太极拳、八卦掌、少林拳……也就是我们通常说的拳种。这些拳种都滋生于中国传统文化之中，具有攻防格斗的属性，即具有中国传统文化特点的攻防格斗的技术。但是，每一拳种又有其独特的技法。如，形意拳要求"出手如钢锉，回手如钩杆""迈步如犁行，落步如生根"；太极拳要求"内宜鼓荡，外示安逸""运动如抽丝，迈步如猫行"；八卦掌要求"行走如龙，动转若猴，换势似鹰""步如蹚泥，手如拧绳，转如磨磨"；少林拳要求"招招势势，非打即防""迅如闪电，转似轮旋""站似钉立，轻如鸿飞"……此外，根据地域可以把武术分为三晋武术、齐鲁武术、燕赵武术、陇右武术、荆楚武术、吴越武术等；根据时间可以把武术分为古代武术、近代武术、现代武术等；根据表现形式可以把武术分为徒手、持械。

二、对于功法、套路、格斗武术分类的讨论

在以往的研究中，通常按照武术的运动形式对武术进行分类，将功法、套路、格斗作为武术的外延。这是由于长期受到项群理论的影响，人为地将武术的格斗和套路割裂，分别归入不同项群。在此，我们要区分划分与分解的关系："分解是把一个具体事物分成许多部分，而划分则是把一类事物分成许多小类，或把一个属分成几个种。一个具体事物和它的部分之间的关系，是不同于一个属和它的种之间的关系的。任何一个种必须具有属的特有属性，但是，一个部分却不必具有由它组成的那个具体事物的特有属性。"[1]

假设武术的外延是功法、套路、格斗，那么功法、套路、格斗和武术就是种属关系，三者就应该分别具备武术的特有属性，即具有中国传统文化特点的攻防格斗的技术。然而，什么是功法、套路、格斗并没有明确的解释，只有在《中国武术导论》中对武术功法运动、武术套路运动、武术格斗运动作出了解释。《中国武术导论》中认为，"武术功法运动是指为掌握和提高武术套路和格斗技术，开发武技所需要的人体潜能，围绕提高身体某一运动素质或锻炼某一特殊技能而编组的专门练习"；"武术套路运动是指以踢、打、摔、拿、击、刺等技击动作为素材，以攻守进退、动静疾徐、刚柔虚实等矛盾运动变化规律编成的整套练习形式"；"武术格斗运动是指两人或多人按照一定的规则，进行斗智、斗力、斗技的对抗实战形式"。[2]对三者的定义进行分析，它们并不具有武术的特有属性。根据概念间的关系，此三者与武术是部分与整体的关系，而非种属关系，也就是说武术是由功法、套路、格斗组成的。正如树叶、树枝、树干、树根与树的关系，因为它们不具有树的完整属性，所以只是树的组成部分。只有杨树、柳树这些由树叶、树枝、树干、树根组成，具有了树的完整属性，才是真正意义上的树，也才符合划分的基本意义。

---

① 金岳霖. 形式逻辑[M]. 北京：人民出版社，1979.
② 邱丕相，蔡仲林. 中国武术导论[M]. 北京：高等教育出版社，2010.

程大力在《论武术文化的内涵与外延》一文中认为"武术的本质特征是攻防"[1]。对照此观点，功法和套路并没有实现有效的攻防，而是为提高攻防格斗技能的特殊训练。即便是拆招喂招、套路对练也仅仅是对格斗的模仿，并非真实的攻防实战。因此，将"功法、套路、格斗"作为武术的外延是不准确的。

第四节　武术文化在学校传承的目的是培养具有武术素养的人

一、学校武术教育是为培养学生的武术素养而存在的

武术教育作为教育的下位概念，理应具备教育的特有属性。也就是说我们对教育的认识决定了对武术教育的理解。教育是什么？这个问题是指导我们开展教育实践的关键。古今中外的教育家、思想家、政治家、学者从各种角度对"教育是什么"作过回答，如19世纪中叶有影响的英国哲学家和社会学家斯宾塞认为，教育是为美好生活做准备；20世纪初的美国哲学家、教育家杜威却认为教育不是生活的准备，它本身就是生活；有些教育家强调教育的目的是人格的培养，有些教育家却认为，人格的培养是家庭和教会的事，教育应该着力于智慧的训练。一般认为，教育是按一定要求培养人的工作。在我国教育界，一般将教育分为广义和狭义两种。广义的教育是指"有意识的以影响人的身心发展为直接目标的社会活动"。狭义的教育是指学校教育，即"由专职人员和专门机构承担的有目的、有系统、有组织的，以影响入学者的身心发展为直接目标的社会活动"。

对于教育的含义，我们比较赞同教育家陶行知的观点，即教育就是习惯的养成。周国平也赞成这样的观点。在《周国平论教育》一书中，"忘记了课

---

① 程大力. 论武术文化的内涵与外延[J]. 搏击（武术科学），2011（1）：8.

堂上所学的一切，剩下的才是教育"这个观点被周国平称赞为一条教育箴言。"那个应该剩下的配称为教育的东西，用怀特海的话说，就是完全渗透入你的身心的原理，一种智力活动的习惯，一种充满学问和想象力的生活方式。用爱因斯坦的话说，就是独立思考和判断的总体能力。按照我的理解，通俗地说，一个人从此成了不可救药的思想者、学者，不管今后从事什么职业，再也改不掉学习、思考、研究的习惯和爱好，方可承认他是受过了大学教育。"我们之所以选择教育的这个含义是因为它更具有简明性和可操作性。

基于上述对武术和教育含义的理解，所谓武术教育的含义，就是指以武术学习为手段，以培养武术素养为目的的教育活动。素养即平日养成的修养。通过教育所形成的素养一定是内化到一个人的日常行为习惯当中，无须刻意表现既可显现的优秀品质。武术素养应该是通过长期的武术练习所养成的武术习惯，包括熟练掌握武术的知识与技能，以及由习武而形成良好的道德品质和社会适应能力。

教育的根本目的其实就在于对人的培养，强调提升人的综合素质，并通过培养人的综合素质和能力来提高人在发展个人以及应对社会过程中对于问题的解决能力。所有教育目的，都是在如何提高人的素质的基础上提出来的。学校武术教育也不能例外，实现对人的素质的提高是其根本之所在。武术文化在学校的传承理应纳入学校教育内容的范畴。因此，我们认为武术文化的学校传承目的在于培养青少年的武术素养。

何为素质？人应该具备哪些素质呢？《现代汉语词典》的解释为：指事物本来的性质；素养。这里具体到人的素质，显然应该作素养解释。素养是一个人长期养成的习惯。这个解释也符合我们对教育的理解，即"好的教育是养成习惯的教育"。至于人应该具备哪些素质或是说人应该形成哪些素养，古往今来，许多学者、专家从人的生理、心理及社会适应等方面作出了不同的论述。总之，人应该具备的素养是复杂的、多层次的，从事不同具体活动的人所要求具备的素养及其构成是不相同的，但是抽象概括，作为一个普通人应该具有体能、智能、技能以及心理和道德品质等方面的素养。

　　不论从武术文化的功能与价值来看，还是从武术文化所具有的特殊性质分析，学校武术文化传承完全可以实现学生认知、情感和社会适应等方面素养的提升，并且有其他学科教育或社团教育、思想政治教育的不可代替性。武术文化，必须以武术的技术为其载体，失去了武术技术作为载体，武术文化将成为无源之水、无本之木。学校武术文化的传承也必然是通过武术技术的教学为前提的。学生在掌握武术技术与技能的同时，体能和智能也必将得到提升。习武最直接的效果就是其对体能和智能的教育。通过踢、打、摔、拿、击、刺等基本的格斗素材随机组合，达到"致人而不致于人"的目的。这是一个从神经、肌肉、感官等方面全面地对身体施以训练的同时又促进智力发展的复杂过程。这是武术文化的独特之处，也是其他学科教育几乎不可能实现的。习武历来讲究实用，即具备运用体能和智能的技能。不论是在方法上的"拆招喂招"，还是在目的上的"练为战"，都反映了对技能培养的重视。情感和意志是人任何一种自觉活动过程所必不可少的非理性因素，对人的活动起着积极或消极的调节作用。习武是一个"行之惟艰"的过程，是一个不断磨砺情感和意志的过程。习武者大都具备爱国的情操和民族精神，同时又有坚强的意志。这是对人非智力因素的培养。此外，人总是社会的人。人们在进行各种社会交往活动时需要遵守一定的道德原则和行为规范。"习武先修德""艺无德而不立"，道德品质的培养历来是习武者重视的，也是习武者必须具备的素养。

　　根据我们对素养的理解，武术素养应该是通过长期的武术练习，养成终身习武的习惯；掌握武术的理论知识与技能，以及在身体、心理和社会适应等方面展现出因习武而产生的良好状态。然而，就学校武术教育的现状而言，体育武术或竞技武术一定不是武术教育存在的原因，也一定不是武术最根本的功能与价值所在。学校武术教育归根到底是服务于我国整体的教育目标，实现对人的培养。因此，我们提出学校武术教育是为培养学生的武术素养而存在的。

二、武术素养的实质

学校武术文化传承其实可以归结为两件事，一是确立学校武术文化传承目的；二是实现学校武术文化传承目的。当我们确立了培养具有武术素养的人为学校武术文化传承目的后就要进一步思考如何实现这一目的。武术素养是一个抽象的概念，是学校武术文化传承总的目标和方向，在实践中缺乏可操作性。因此，武术素养需要进一步具体化，形成一系列具体的武术文化传承目标落实到实践活动中去。

对于武术素养的具体化必须着眼于学校武术文化传承目的。因为，目标的制订必须符合目的的内涵，力求使目标具体、明晰、系统。我们依据学校武术文化传承所要形成的学生身心发展的各要素，将"武术素养"分为六个领域，即学校武术文化传承的六个领域目标。只有合理地制定了学校武术文化传承目标，才能稳妥地实现学校武术文化传承目的。

（一）参与目标

"少成若天性，习惯如自然。"参与目标就是要求学生养成终身习武的习惯，积极而主动地进行武术实践活动，其目的在于形成良好的行为习惯。著名的教育家叶圣陶曾说过："什么是教育？简单一句话，就是养成良好的习惯。"叶圣陶认为，教育的目的就是培养习惯。他说："我们在学校里受教育，目的在养成习惯，增强能力。我们离开了学校，仍然要从多方面受教育，并且要自我教育，其目的还是在养成习惯，增强能力。习惯越自然越好，能力越增强越好。"[1]近代英国教育家洛克在其《教育漫话》中说道："儿童不是用规则教育就可以教育好的，规则总是被他们忘掉。你觉得他们有什么必须做的事，你便应该利用一切时机，给他们一种不可缺少的练习，使它们在他们身上固定起来。这就使他们养成一种习惯，这种习惯一旦养成以后，便不用借助记忆，很容易地、很自然地发生作用了。"[2]习惯的养成既是武术教育实施

① 商金林.叶圣陶年谱[M].南京：江苏教育出版社，1986：114.
② [英]约翰·洛克.教育漫话[M].傅任敢，译.北京：教学科学出版社，1999：37.

的目标，同时也是武术教育实施的基础。武术又称功夫或工夫，习武的过程被称为练功，人们常说："不下'工夫'难有'功夫'。"在习武这一行之惟艰的过程中，习惯的养成始终居于重要地位。只有"冬练三九，夏练三伏"，持之以恒才可能达到技艺精湛。因此，养成习武习惯是具有武术素养的重要表现形式。

（二）技能目标

技能包含两方面的内容，一是指技术，二是指使用这种技术的能力。武术源于人类的攻防格斗，是人类为了达到生存的目的而实施的有效方法和手段，属于技术的范畴。自古以来习武者普遍遵循"练为战"的原则，讲究"既得艺，必试敌"。在学校武术教育中，掌握武术技能的过程与形成武术认知、养成习武习惯、体验武术文化等过程是统一的。形成武术技能的过程也是对武术真意的理解过程，更是行为习惯的培养过程。武术技能的形成需要长期反复地练习，才能达到炉火纯青的最高境界。"拳打千遍其义自见，拳打万遍身法自然"，只有形成熟练的技能才能对武术产生深刻的认知。正所谓"由招熟而渐悟懂劲，由懂劲而阶及神明"。因此，具备一定的武术技能是习武者形成武术素养的基础。

（三）认知目标

中国武术的博大精深，不仅是指技术体系的深邃与丰富，主要还是在于所蕴含的文化。刘峻骧说："中华武学所以能够形成今天这样技道并重、内外兼修、流派繁多、绚丽多姿、包蕴丰厚民族文化内涵而卓立于世界的独特风貌，是由于它的技击理论从产生之日起，就在古老而独成体系的中国传统文化的哺乳和规范之下。在武术发展的漫长历史进程中，中国古典哲学、传统伦理、宗教和艺术、民俗都给了武术以深刻影响。"[①]武术与众多的中国传统文化分支有着不可分割的血脉联系，在长时间的发展过程中不断交融，已经脱

---

① 刘峻骧. 东方人体文化[M]. 上海：上海文艺出版社，1996：118.

离了单纯的技术而跃变为近似于道。文化思想决定了武术技术的走向，技术表达了一定的思想内涵，我们在沉湎于技术的同时不应忽略思想的跟进；要将技术置于文化之中，将思想置于历史之中，去探寻武术所承载的丰富的中华文化与思想内涵。因此，在武术教育过程中不可忽视对武术理论及相关知识的教学。唯其如此，受教育者才能在灵魂上得以升华。因此，对武术正确的认知是武术素养的重要组成部分。

（四）体质健康目标

"体者，载知识之车而寓道德之舍也。"[①]人的全面发展首先是身体的发展。体格发育良好、体能强健、机能完善以及良好的适应自然环境的能力是习武者所应达到的基本身体素质。在任何历史时期，身体的健康都是最关键的，其对于个人是生命力，而对于社会是生产力。武术的健身功能和价值自古深入人心，其"活动手足，强健筋骨"的功能早已被人们认可，与导引吐纳相配合具有了独特的养生价值。描述太极拳的经典名句"详推用意终何在，延年益寿不老春"，明确地指出了太极拳的健身作用。呼吸吐纳之术融入武术当中已有很久的历史，传统武术历来讲究养练结合，注重方位四时，与中医理论紧密联系。历史上不乏武林高手，因为幼年体质羸弱而走上习武之路，体质最终得以改善。健康的体质是成就具有武术素养的人的物质条件。

（五）心理健康目标

世界卫生组织给健康下的定义为："健康是一种身体上、精神上和社会适应上的完好状态，而不是没有疾病及虚弱现象。"良好的心理状态是现代社会发展对人的基本要求，也是武术素养形成的重要条件。身心协调发展已越来越受到人们的重视，具有积极发展的心理状态对于青少年的健康成长非常重要。近年来，频繁发生的校园暴力引起了社会各界的广泛关注。究其原因，我们不能完全归结于青少年法治观念淡薄，有相当一部分是由于心理健康出

---

① 毛泽东. 体育之研究[M]. 北京：人民体育出版社，1979：3.

现问题造成的。因此，良好的心理状态是具有武术素养必不可少的条件。武术具有中国文化所特有的气质和内涵，讲究形神共养、内外兼修，追求天人合一、崇德尚礼，对于青少年缓解精神压力、排解不良情绪具有良好的作用与功效。在武术教育过程中，通过合理的课程内容设置，采用有效的方法和手段可以提高学生的心理素质，充分开发他们的潜能，培养他们崇德尚武、刚健有为的精神。

（六）社会适应目标

习武者在激烈的社会竞争中表现出良好的社会适应性，是具有武术素养的重要体现。人的社会适应能力受多方面因素的影响，如观念、行为方式等。良好的社会适应能力有助于人的全面健康发展，而不良的社会适应将影响人的健康发展甚至会导致疾病的发生。对于习武者而言，良好的社会适应主要表现在遵守武术礼文化所规定的道德规范和行为准则，保持良好的人际关系。武术自产生以来就被纳入中国伦理道德的范畴，"未曾习武先修德，未曾学艺先学礼"被视为武术教育的重要传统。通过武术教育，尤其是通过武术礼文化的教育，形成严格的社会行为规范和和谐的人际关系。

第三章　学校武术文化传承的内容应
突出武术礼文化教育

第一节　关于学校武术文化教育课程设置存在的问题

从1915年在全国教育联合会第一次会议上提出《拟请提倡中国旧有武术列为学校必修课》议案，到2013年由教育部体卫艺司主持成立了全国学校体育（武术项目）联盟，学校武术教育经历了近百年的发展，武术课程在国民教育中发挥了重要的作用，与其他课程形成学校教育的课程体系，共同为实现教育目的服务。经过多年的发展，武术已经由体育教育的重要组成部分逐渐发展成为一门独立的学科。武术教育对于人的发展的作用是全方位的，蕴含着巨大的潜能与丰富的资源。武术课程是学校武术教育的核心内容，受武术教育目的的制约，同时又是实现教育目的的重要途径和手段。"回顾新中国成立以来我国学校武术课程发展的历史，不难发现其经历了这样几个阶段：套路教学阶段；套路教学＋散打教学阶段；套路教学＋散打教学＋跆拳道＋其他内容阶段；武术段位制＋其他内容教学阶段。"[①]武术课程反映了学校武术教育的内容，同时又决定着师资培训的规格，对学校武术教育具有重要的作用。

---

① 李金龙，宿继光，李梦桐. 由技进道：我国学校武术教育转型发展的出路[J]. 武汉体育学院学报，2014（11）：50—54.

进入21世纪以来，各界对武术课程改革的呼吁越来越高。2004年，教育部组织部分高校专家制定了《普通高等学校体育教育本科专业各类主干课程教学指导纲要》，其中在《武术类课程教学指导纲要》中提出"淡化套路、突出方法、强调应用"的指导思想。在这一思想的指导下，由高等教育出版社2005年出版的《普通高等教育"十五"国家级规划教材·武术》，以踢、打、摔、拿的基本技法和刀、枪、剑、棍的基本方法取代了原有的初级套路。新的教材虽然删除了大量的套路，但是作为教材的总顾问邱丕相指出："武术教学内容不是不要套路，而是要淡化套路教学，教学内容要短小精练、简单易学，强调动作方法以及动作的运用，在此基础上形成套路。"[①]2007年，武冬在硕士学位论文中针对学校武术教学内容和方法陈旧单一、师资严重缺乏的问题，提出了"突出拳种、优化套路、强调应用、弘扬文化"[②]的武术课程改革思路。2014年1月，《上海体育学院学报》刊出了一篇文章《我国学校武术教育现实困境与改革路径选择：写在"全国学校体育武术项目联盟"成立之际》。作者在文中提出"根据青少年对武术的理解以及武术的教育功能，确立'一校一拳，打练并进，术道融合，德艺兼修'的武术教育改革新思路"[③]。无论什么样的改革思路，武术课程的设置都受到教育目的的制约，必须以实现课程目标为依据，最终是要靠教学实践来检验的。

一、课程时数不足

对于学校教育而言，武术课程的重要性早已被各级教育主管部门三令五申地强调。但是，在实际操作过程中却是"说起来重要，做起来次要，忙起来不要"。长期以来，在学校教育中武术始终是以一个运动项目的形式存在于

---

① 邱丕相，王国志. 当代武术教育改革的几点思考[J]. 体育学刊，2006（2）：76—78.

② 武冬. 体育教育专业武术课程教学内容和方法改革的研究[D]. 北京体育大学硕士学位论文，2007.

③ 赵光圣，戴国斌. 我国学校武术教育现实困境与改革路径选择：写在"全国学校体育武术项目联盟"成立之际[J]. 上海体育学院学报，2014（1）：84—88.

体育教学当中，没有作为独立的课程予以设置。

1956年，教育部颁布的第一部全国通用的《中小学学校体育教学大纲（草案）》中编写了武术内容。1961年重新修订大纲时，规定了武术课时，小学每学期6学时、中学每学期8学时。这几乎是每半年只上6次武术课，如此少的学时数几乎不可能发挥武术教育的功能和作用。即便如此，1987年颁布执行的《中小学体育教学大纲》将小学武术教学学时数调整为每年4～6课时，使本来就有限的学时数被削减，这对于学校武术教育来说无疑是极为不利的。直到2001年教育部颁发了供实验使用的《体育与健康课程标准》，将课时调整为1～2年级相当于每周4学时，3～6年级和7～9年级相当于每周3学时，高中1～3年级相当于每周2学时。虽然体育课时有所增加，但是武术课程的学时数却没有明确规定。至于2004年出台的《中小学开展弘扬和培育民族精神教育实施纲要》中提出的"体育课要适量增加中国武术"等内容，也并没有说明增加到什么程度。尽管有学者提出了"2+1"模式，即每周2节体育课，外加1节武术课，试图以制度的形式明确武术课程的学时，但是这一提议并没有得到教育部门的回应。就目前我国的学校教育现状而言，普通中小学要保证较高质量的武术课程面临一大难题。据《关于学校武术教育改革与发展的研究》课题组调查，"83.7%的中小学在正常的体育课程教学计划中都融入了一部分的武术内容教学，甚至具体的教学大纲和教学计划都制定得较为完善，但是能够将武术课程真正落实到教学中的学校却只有21%，还有14.1%的学校虽然将武术课程内容列入了正常的体育课程教学计划之中，但是在实际的授课中完全没有任何武术课程内容的体现；而且有13.7%的学校在体育课程教学中压根没有任何武术内容的融入"[1]。这样低的开课率不得不让我们思考，学校武术教育究竟应该如何开展？

---

① 《关于学校武术教育改革与发展的研究》课题组. 我国中小学武术教育状况调查研究[J]. 体育科学，2009（3）：82—89.

二、课程内容陈旧

中华人民共和国成立以来，我国学校课程的编制一直是在国家教育主管部门直接领导下，由专门机构负责进行的。国家以政府文件的形式颁布教学计划和教学大纲，各级各类学校遵照政策和指令安排教学任务。教科书作为两个文件的具体化，各版本的内容相似度极高，选择上也非常有限。在相当长的时间里，学校的教学工作就变成借助教科书贯彻和落实教学计划和教学大纲的活动了。在这种情况下，学校教师面对教学内容（即课程），往往只能遵照国家规定的教学计划和教学大纲严格执行，几乎不涉及课程编制的过程和理论。课程的编制尤其是教学计划和教学大纲的制定只是政府决策问题，而不是学术问题，教师所关心的只是怎样理解和如何执行这两个文件。

（一）中小学武术课程内容"竞技化"痕迹明显

体育教学大纲作为学校武术课程的纲领性文件，从1956年颁布以来经过了多次修订，武术课程内容也几经修改，总体上反映了学校武术教育发展的基本脉络。中华人民共和国成立初期，党和国家领导人对武术的发展极为重视，把武术列为推广项目并设置了民族形式体育研究会，根据"取其精华、去其糟粕，百花齐放、推陈出新"的方针，积极开展武术等民族形式体育活动的挖掘、整理、继承和推广工作。然而，受到当时社会政治情况的影响，1955年召开的全国体育工作会议上对武术工作采取暂时收缩、加以整顿的方针。时任国家体委副主任蔡树藩提出："武术工作根据主观力量和客观情况，目前只能进行一些整理和研究工作；提出一些与体育有关的、对健康有益的、又能推行的项目。"[1]随后，在武术界展开了围绕武术技击属性的讨论。但是，这一讨论受到了当时社会思潮的干扰，持"技击论"者受到了批判。1958年，在全国武术评奖观摩大会上，原国家体委运动司司长李梦华在一次简短的报告中说："今后谈到武术的价值时，不必强调自卫应敌等等，而应该强调它对

---

① 国家体委武术研究院. 中国武术史[M]. 北京：人民体育出版社，1997：365.

于人民健康的作用。因为增强人民体质就是对国防有益、对生产有益。即便是练习所使用的枪刀剑棍，也不应理解为战斗武器，而应理解为运动器械。"①至此，这场关于武术性质的讨论以"去技击化"暂告结束。1962年，教育部颁布第二部中小学体育教学大纲，要求：小学从三年级起学习武术基本功、基本动作、组合动作、武术操、初级拳；中学为初级长拳二路、青年拳、青年拳对练等。有关攻防格斗的内容在武术课程中不见踪影，学校武术教育基本完成了"套路化"的改造，朝着高、难、美、新的竞技武术方向快速发展。在这一阶段，武术逐渐丧失了攻防格斗的功能和价值，越来越接近于一门"舞台艺术"。

改革开放后，随着人们思想观念的开放，恢复武术技击性的呼声越来越高。学校武术课程也悄然发生了变化。1978年，在教育部颁布的《十年制中小学体育教学大纲》中，首次规定了高中阶段增加武术攻防动作的内容。2001年，《体育与健康课程标准》颁布后，武术教材内容发生了重要变化，突出了"淡化套路、突出方法、强调应用"的指导思想。尽管如此，武术课程改革依然收效甚微。在实际教学过程中，武术的攻防格斗功能依然被淡化，继续在"唯套路"的道路上向前发展。随着2008年北京奥运会的到来，武术加快了改革步伐，以期实现早日进入奥林匹克大家庭的愿望，导致武术在竞技化的道路上越走越远，直接的后果就是造成了"学生喜欢武术，不喜欢武术课"的尴尬境况。

（二）高校武术课程内容以"老三样"为主

"长期以来，高校的武术课程内容主要停留在以套路运动形式为主的初级长拳和简化太极拳上，使得许多普通大学生对学习武术课程的兴趣不高。"②2002年，教育部印发了《全国普通高等学校体育课程教学指导纲要》

① 苏肖晴，李一平，施文忠. 试论"文革"时期中国武术发展的特征[J]. 武汉体育学院学报，1999, 33（6）：29—32.
② 武冬吕韶钧. 高等学校武术课程体系改革研究[J]. 北京体育大学学报，2013（3）：92—98, 105.

（以下简称《纲要》），提出了高校体育教学新模式，后来被解读为"三自主原则"。《纲要》中明确提出："要充分发挥学生的主体作用和教师的主导作用，努力倡导开放式、探究式教学，努力拓展体育课程的时间和空间。在教师的指导下，学生应具有自主选择课程内容、自主选择任课教师、自主选择上课时间的自由度，营造生动、活泼、主动的学习氛围。"[①]由于武术较少受场地条件的制约，而有幸成为被学生自主选择的课程之一。高校体育选修课的实施对于学校武术教学最有利的一点是教学时数得到保障。《纲要》规定："普通高等学校的一、二年级必须开设体育课程（四个学期共计144学时）。修满规定学分、达到基本要求是学生毕业、获得学位的必要条件之一。"[②]但是，在课程设置上却存在着武术套路和散打两条路径。学习武术套路的学生不学散打，而上散打课的学生不学套路，使套路和散打本是构同武术课程内容的重要组成部分，却朝着不同的方向发展。初级长拳、初级剑术、简化太极拳，大部分学校的套路课程都离不开这三项内容，"老三样"成了学校武术教学的标配。而散打课程是以基本拳法和基本腿法为主要内容，至于攻防实战基本无法开展。有学校因为学生长跑猝死，而不开展中长跑项目。对于危险性更甚的格斗项目，校方自然是不愿将具有危险性的项目进入课堂。武术课程依旧是以套路和基本功为主要内容，即使是增加了攻防动作，也远远不能和真实的格斗相比。去技击化的武术课程最终印证了"技击是武术的本质特征"是一个假如的论断。[③]不得不说这是武术教学的无奈。尽管如此，从整体水平来看，高校武术课程的设置情况远远好于中小学。

三、武术礼文化教育缺失

武术历来被认为是内外兼修的，不仅锻炼强健的体魄，同时可以陶冶人的情操。武德是武术教育中的重要环节。古人讲究"传业授艺贵乎择人""宁

---

① 中华人民共和国教育部. 全国普通高等学校体育科学教学指导纲要[Z]. 2002-8-6.
② 中华人民共和国教育部. 全国普通高等学校体育科学教学指导纲要[Z]. 2002-8-6.
③ 王岗. 质疑："技击是武术的本质特征"[J]. 北京体育大学学报，2009（1）：28—32.

肯失传也不轻传"，各门派均把武德教育放在首位，告诫本门弟子"艺无德而不立"。然而在以应试为目的的学校教育中，普遍重视学生智力的培养，忽视了文化的传承。对于在武术教育中的重要组成部分——武术礼文化，在教学过程中基本被忽视。

"未曾学艺先学礼，未曾习武先修德""艺无德而不立"……对照这些民间流传耳熟能详的拳谚来审视和评价我国目前的学校武术教育现状，不难发现目前在我国学校武术教育中，对于武术技术的学习已经成为唯一的内容，而武术道德和武术文化的学习几乎已经脱离于正常的教学内容。湖南师范大学硕士研究生程世帅曾经通过调查发现，20位被调查的武术教师中，在对待传统武术礼仪的观念和态度上，仅有11位认为应该在逐渐改革的基础之上进一步传承我国武术活动中的礼仪文化；5位教师则认为武术礼仪文化完全没有进入武术教育体系的必要，应该予以全部废除。其认为来源于我国古代传统文化的武术礼仪文化已经与现实社会的发展态势脱节，对于学生的品德塑造作用已经消失，在教学中应该进一步凸显技术的重要性，将武术技术的学习放在首要地位。调查表明，在被调查的378名同学中，认为对传统武术礼仪应该继承与改革并存的占到了50%；有29.6%的同学认为应该不予理睬；有14.3%的同学认为应该全部废除；有6.1%的同学认为应该全部继承。调查还发现，在武术教学、训练和比赛中，20位武术教师中重视对学生进行武术礼仪教育的只有7位。378名学生中仅有17.7%的学生认为武术礼仪非常重要；35.2%的学生认为武术礼仪重要；有31.2%的学生认为武术礼仪的重要性一般；有15.9%的学生认为武术礼仪不重要。[1]上述调查发现的情况在其他学校并不少见，我们从平常的观察中也可以得到印证。

---

① 程世帅. 论中国武术礼仪文化的缺失与回归[D]. 湖南师范大学硕士学位论文，2012：25—26.

第二节　武术知识技能教学在学校武术文化
传承中的地位与途径

学校武术文化传承要实现培养具有武术素养的人的教育目的，就必须使其教育目标、课程设置等各方面符合武术教育的规律和特点。而在这其中，课程设置是关系到教给学生什么，以及能否实现教育目的的关键。因此，对于课程设置要充分考虑什么样的内容有利于实现培养学生的武术素养，而这些内容并非将武术的内容简单地拼凑或任意地肢解。在课程内容中仅有踢、打、摔、拿、击、刺等武术基本素材是不够的，把武术割裂为功法、套路、格斗也是不全面的。武术素养包括了人的知、情、意、行等多方面内容。因此，对于课程内容的选择一定要有针对性，要根据学生的身体、心理和社会适应等方面全面发展的需求予以考虑。基于此，我们认为学校武术课程内容的设置应该分为三个层面：器物层面的知识技能；制度层面的行为习惯；精神层面的道德修养。三者的关系是相互融合、层层递进的，而非彼此割裂。学生通过掌握武术的知识技能，养成良好的行为习惯，形成高尚的道德情操。

一、武术知识技能教学在学校武术文化传承中的地位

武术教育是培养具有武术素养的人，知识技能教育应该贯穿于武术教育的始终。这并非说掌握了武术知识技能就具备了武术素养，而是说它是构成武术素养的要素之一，即具备一定的武术知识技能是培养具有武术素养的人的前提条件。同时，在一般情况下，一个人武术知识技能越高，从事武术活动的能力也越强，因此可以说，掌握武术知识技能本身是一个人具备武术素养的表现。

武术知识技能在学校教育中究竟应该是何种地位呢？首先，学校武术教育中武术知识技能教学要体现武术的本质特征；其次，武术知识技能教学要贯穿于学校武术教育的始终；最后，武术知识技能教学不是学校武术教育的最终目的。

长期以来，学校武术教育对于武术知识技能教学不能说不重视，可是人们却忽视了一个根本的问题，即学校武术教育中的武术知识技能到底是什么，是结构体系完全一致而只是难度有所降低的竞技武术训练的简化版，还是以培养学生武术素养为目的，以学生的身心发展规律为依据所选择编排的武术知识、技能？如果是前者，那么武术知识技能本身是不适合学校武术教育的；而后者，则是学校武术教育应该提倡的。因此，我们不能一谈到武术知识技能与武术知识技能教学，就与竞技武术或专业武术训练画等号。

当前的学校武术教育中的武术知识技能明显受到竞技武术的影响，尤其是将武术"套路化"，以致把套路当成了武术教学的全部或大部分。这是在教学中没有真正把握武术本质特征的具体表现，从而使武术知识技能教学出现了偏差。那么，武术的哪些知识技能反映武术的本质特征呢？前文我们已经明确了武术的本质，即具有中国传统文化特点的攻防格斗的技术。也就是说，学校武术教育要传授学生的武术知识技能，应该是具有中国传统文化特点的攻防格斗的技术。但是，我们也要明确一点，教授学生攻防格斗的技术并不是学校武术教学的目的，其目的在于培养具有武术素养的人。在此，我们也不反对进行套路教学，毕竟套路是武术得以传承的主要方式。我们只是希望找到更适合于学校武术教学的内容，不能将套路作为主要甚至是全部的教学内容。

在以往的武术教学中，我们将武术分解为功法、套路、格斗，人为地将武术进行割裂，把套路和格斗分别归入不同的"项群"。在此，我们有必要区分一下分解和划分的关系。"分解是把一个具体事物分成许多部分，而划分则是把一类事物分成许多小类，或把一个属分成几个种。一个具体事物和它的部分之间的关系，是不同于一个属和它的种之间的关系的。任何一个种必须具有属的特有属性，但是，一个部分却不必具有由它组成的那个具体事物的特有属性。"①

功法、套路、格斗是构成武术的三个部分，而并非种属关系，也就是说武术是由功法、套路、格斗组成的。功法和套路并没有实现有效的攻防，而是为提高攻防格斗技能的特殊训练。即便是拆招喂招、套路对练也仅仅是对格斗的模仿，并非真实的攻防实战。而格斗也不体现具有中国传统文化的特点。因此，"在学校武术教育中武术知识技能的教学一定是将功法、套路、格斗有机结合的，并且要明确功法、套路的练习是为提升格斗技能服务的。"②

此外，片面地追求武术技术水平的提高，忽视理论知识的传授也是不可取的。"拳起于易，理成于医"，说明武术与传统文化的紧密联系。武术浸染于中国传统文化，每个技术背后都有其思想观念的存在。正如葛兆光所言："真正绵延至今而且时时影响着今天生活的，至少还有两种东西：一是几千年来不断增长的知识和技术；一是几千年来反复思索的问题以及由此形成的观念思想。"③在现实生活中也常常会出现这样的情景：有的人根本没有接受过格斗技能的训练，但是极其善于打斗，其实这样的人并没有具备武术素养，如果让他接受了正规的武术教育，不仅可以进一步提升格斗技能，更重要的是使他受到传统文化的熏染，掌握武术的知识与技能，并且一定是在道德的约束和规范下运用所获得的技能。

因此，我们认为武术知识技能的呈现方式不应该是套路或散打，而应该是拳种。它包括由踢、打、摔、拿、劈、砍、击、刺等技术组成的体现各拳种特点的拳法，以及指导不同拳种拳法运用的拳理。在明确了学校武术教育的知识技能之后，我们再来谈第二个问题，武术知识技能教学要贯穿于学校武术教育的始终。

---

① 金岳霖.形式逻辑[M].北京：人民出版社，1979：60.

② 李金龙，宿继光，李梦桐.由技进道：我国学校武术教育转型发展的出路[J].武汉体育学院学报，2014（11）：50—55.

③ 葛兆光.中国思想史·导论[M].上海：复旦大学出版社，2001：1.

前面我们提到，学校武术教育的课程内容大致可以分为三个层面，即知识技能、行为习惯、道德修养。研究认为，武术知识技能教学在整个学校武术教育中的地位和作用主要表现为，它是学校武术教育的基础，是学校武术教育活动得以顺利进行的基本保证之一。具体地说就是，它为习武者行为习惯的养成和道德修养的提升提供了必需的武术知识技能条件。如果不掌握基本的武术知识技能，就不可能实现对学生武术行为与武术道德的教育，培养学生的武术素养将成为一句空话。

培养学生的武术素养，有赖于一定的武术知识技能的教学。良好的武术习惯与武术道德并不是凭空产生的，需要有武术知识技能作为载体。尤其是培养学生的尚武精神，前提条件是学生要有武的技能。这个武不仅是攻防格斗的技术，还包括具有强健的体魄和不怕吃苦的精神。武术讲究的是躬身实践，体用兼备。踢、打、摔、拿、劈、砍、击、刺等基本素材是武术的"体"，由习武而产生的良好精神风貌、身体状态、行为习惯、社会适应、道德品质等才是武术的"用"。

总之，武术知识技能教学在学校武术教育中的基础地位是不容置疑的，应该贯穿于学校武术教育的始终。但是，我们把武术知识技能教学看成是学校武术教育的最终目的也是不对的。如果说"教育的根本目的在于育人，育人是教育的目的"，那么武术教育的目的同样在于育人，在于培养具有武术素养的人。这本来应该是一个人所共知的常识，但是对于这样一种教育常识，我们的认识也是来之不易的。

回顾我们的学校武术教育，不论是在中华人民共和国成立初期的快速发展，还是"文革"期间的停滞不前，抑或是改革开放以来的武术竞技化的发展，都是以传授武术知识技术、发展武术项目作为学校武术教育的主要目的。虽然在一定程度上也培养了一批武术人才，推动了武术的发展，甚至是向海外传播，但是，以往的学校武术教育中始终忽视了一个重要的因素，即人的存在。人作为教育的主体并没有得到足够的重视，而是被作为武术传承的载体，作为武术传播的工具。去过少林寺的人应该都知道，登封有上百所武术学校，这些学生的出路在哪里？在登封市一所武术学校的教学楼上，有这样一句标语："学习改变命运、练武创造未来。"对于练武所创造的这个"未来"应该不仅仅局限于找到一份体面的工作，有一份不错的收入。如果是这样，那么，武术教育便跌入了世俗化的泥潭，存在严重的功利主义。武术教育理应在人才培养过程中通过自身独特的功能和价值发挥更积极的作用，促进人的全面发展，或者是培养全面发展的人。

因此，学校武术教育始终要把学生作为教育的主体，把培养具有武术素养的人作为目的。我们在强调武术的知识技能教学重要性的同时一定要注意避免夸大知识技能教学的作用，把武术知识技能教学当作是学校武术教育的全部或大部。这是无视学校教育特点和不尊重武术教学规律的表现。对于传授学生知识技能一定不是武术教育的终极目的，一定要处理好人才培养与项目发展之间的关系。武术知识技能的教学可以看作"指月之指，渡河之舟"，其本身不是目的，而是在于培养具有武术素养的人。

二、武术知识技能教学应与培养良好的行为习惯结合进行

行为是受思想支配而表现出来的活动，而"习惯是人们在不假思索、不知不觉中表现出来的一种稳定的行为，是经过反复练习而养成的语言、思维、行为等定势，是长期形成的不易改变的生活方式或行为方式"[①]。良好的行为习惯是一个人综合素质的外在表现，是获得成功的助推器。著名心理学家威廉·詹姆士曾经指出："播下一个行动，收获一种习惯；播下一种习惯，收获一种性格；播下一种性格，收获一种命运。"[②]可见习惯决定着人的命运，也关系着事业的成败。在人的全面发展过程中，良好行为习惯的养成必须渗透到各种教育中去。著名教育家叶圣陶提出的"教育就是养成良好的行为习惯"这个理念，同样适用于学校武术教育。行为习惯的养成是武术素养的外在表

---

① 闫书广. 素质教育实施的路径之一：行为习惯养成教育[J]. 教育理论与实践，2011（2）：31—32.

② 格林. 教育就是培养习惯[M]. 北京：清华大学出版社，2012.

现，反映了习武者对武术知识技能的掌握情况及道德修养水平，应该作为武术教学考核的重要内容。我们可以认为学校武术教育必须要注重培养学生形成良好的行为习惯，也就是说武术知识技能的教学应该与养成良好的行为习惯相结合。

如何形成良好的行为习惯？如何让好的习惯融入日常生活？我们不妨问道于近年来风靡我国的跆拳道。"在家长眼中，学习跆拳道不仅锻炼了孩子的身体，更塑造了积极向上的品格，让孩子在拳打脚踢之间传递了正能量。"[①]孩子见到邻居都会主动打招呼，在学校看到老师也主动行礼，总之孩子变得有礼貌了。孩子的这些变化又是如何形成的呢？韩国跆拳道教育以"礼义廉耻、忍耐克己、百折不屈"为宗旨，视礼仪为练习者基本精神的体现。这点与我国传统武术讲究"艺无德而不立""不学礼无以立"的观点是相似的。所不同的是，我们的礼仪教育以德育课程为主体，几乎完全是学科教学的模式，使学生获得是"关于道德的观念"，是一种非亲身获得的理论知识，无法付诸实践，更不能形成习惯。反观跆拳道的礼仪教育，讲究"以礼始，以礼终"，对训练的各环节均作出了详细的礼仪规范，并形成了制度，如如何着装、如何行礼，甚至包括如何整理道服。这些要求不可谓不细致，而且极具操作性。

对比武术礼仪，以抱拳礼为例："并步站立，左手四指并拢伸直成掌，拇指屈拢；右手成拳，左掌心掩贴右拳面，左指尖与下颌平齐。右拳眼斜对胸窝，置于胸前屈臂成圆，肘尖略下垂，拳掌与胸相距20—30厘米。头正，身直，目视受礼者，面容举止自然大方。"[②]武术散手在戴拳套练习和比赛时，可模拟似地行抱拳礼，两拳套合抱于胸前即可。其具体含义是："（1）左掌表示德、智、体、美'四育'齐备，象征高尚情操。曲拇指表示虚心不自大，不骄傲，不以'老大'自居。右拳表示勇猛习武，左掌掩右拳相抱，表示'勇

---

① 孩子们练跆拳道学做人之道　拳打脚踢传递正能量[EB/OL]. http：//sports. sohu. com/20130110/n363058812. shtml.

② 汤立许，蔡仲林，饶英. 北京奥运会武术礼仪文化研究[J]. 体育文化导刊，2008（7）：58—60.

不滋乱''武不犯禁'，以此来约束、节制勇武的意思。（2）左掌右拳拢屈，两臂曲圆，表示五湖四海（泛指五洲四洋），天下武林是一家，谦虚团结，以武会友。（3）左掌为文，右拳为武，文武兼学，虚心、渴望求知，恭候师友、前辈指教。"①可见，一个抱拳礼承载了厚重的思想文化内涵，我们不禁要问，如此丰富的行为准则如何落实到习武者的行为习惯当中呢？

韩国跆拳道的礼仪讲究"以礼始，以礼终"，在平时训练时，每一个练习者必须穿白色的、干净整洁的跆拳道道服，按照要求系好道带，光脚或穿道鞋进入场地。训练时，以端正姿态向国旗敬礼，然后按馆长、教练和长辈的次序依次敬礼，每次与同伴或队友合练时也要向对方行礼。运动时道服松开，要停止运动，转身背向国旗、会旗和教练员及同伴整理道服，整理好后方可转回。跆拳道练习的过程中要遵守道德规范、法治观念。要恪守信义，注重内心训练和精神修养，要养成礼貌待人、忍耐克己、谦虚宽容的高尚道德品质。通过练习跆拳道既要学习其中的技艺，又要学会礼仪文化，学会尊重他人，战胜自我，勇于挑战。在韩国，要求跆拳道的所有学员至少要遵守以下几项最低限度的礼仪要求：尽自己最大的努力；相互谅解的精神；对于诽谤或侮辱他人的恶习应感到羞耻；谦虚、互相尊重人格；提倡人道主义和正义感；师长与学员、前辈与晚辈的关系应明确；处事要符合礼仪；尊重他人的所有物；不论问题的大小，坚持公平原则，慎重处理；不送、不收心中含糊的礼物。

另外，教育学员要有廉耻感，要学会分辨是非。特别指明可能涉及羞耻的行为包括：不顾没有传授实力，俨然像有权威的师长诱导善良学员走向歧途，却不觉羞耻；示范时为了炫耀威力，把裂开的松板黏合，或预制有裂纹的砖头将其击破，还厚颜无耻地面向观众或学员；过分奢侈装饰道场或以假奖状、假奖杯装饰办公室，用过分虚伪的热情获取学员的欢心，来隐瞒自己的无能；真正的武道之人即使提升他的段或级也会谦让。相反，要求超过实

---

① 汤立许，蔡仲林，饶英.北京奥运会武术礼仪文化研究[J].体育文化导刊，2008（7）：58—60.

力以上的段或级，或用钱买也不觉羞耻的只是似是而非的武道人；任何以私利或炫耀假武力为目的而需要段或级的人；不是为了培养优秀的弟子而是以营利为目的运营道场、向学员无理要求钱物或出卖证书的行为；言行不一致，不守信用的师长或学员；向晚辈询问有关技术意见而感到羞愧的前辈；为了私利而奉承权力，作为武道人忘记应遵守的基本姿态却摆出武道人的样子要威风。

要求跆拳道学员要有忍耐之心，强调"忍即是德"。无论是持有高段的人还是技术完美无缺的人，想做成任何一件事，首先要设一目标，再以持久的忍耐力不断向那一目标迈进，才能如愿以偿。作为跆拳道人，不管遇到什么困难，忍耐并克服它，才是有效的方法之一。

在克己方面则要求：不论道场内外，克制自己是非常重要的问题。假如在自由对打时，因某些失误，被下级或同伴击中时，若不能克制自己，感情用事加以攻击，将会造成事故。而且，不谦虚不节制，没有分寸地生活，盲目羡慕他人，爱慕虚荣也将会失去作为武道人的资格。

在"百折不饶"方面，要求跆拳道运动员拿出一种舍身的精神，不畏惧落后、困难和痛苦，以艰苦忘我的意志品质磨砺自己，以舍身为手段，以无我为目的探求跆拳道的本质，认为一旦只是视比赛为手段，成败也就无所谓了。这样，训练和比赛中所接触的每一个人都成为使自己修养水平得以提高的一级台阶、一位助手，他们与自己站在同一立场，而非真正意义上的敌手。拥有此种心态，才会发自心底地对对方保持一个敬字，才能自如地抛开一切不利的外界干扰，用心体会比赛、享受比赛，真正做到无我、无瑕，从而不断向跆拳道的最高境界靠近。

将武术与跆拳道的教育过程与结果相比较之后就会发现，第一，跆拳道在教育过程中要求学员学会并严格遵守礼仪规范；第二，跆拳道礼仪内容非常具体、可操作性强；第三，跆拳道将礼仪的内容延伸到了日常的学习、生活和工作的行为方式之中，延伸到了家庭、学校和社会的方方面面，使习练跆拳道者养成了许多良好的行为习惯。这些正是我国武术礼文化教育应该借鉴的地方。目前，武术礼仪的教育仅仅局限和偶然出现在武术教学、训练和比赛的时空狭窄范围内，而没有落实在学习、生活和工作中，没有实现良好习惯养成的教化目的！

因此，我们有必要在武术教育中将武术素养具体化，对于养成什么样的行为习惯提出具体的要求。"天下大事必作于细，天下难事必作于易"，最简单的东西，往往是最基本且最重要的东西。习惯并不深奥，常常很简单。比如说按时作息、遵守规则等。陶行知说："过什么生活便是受什么教育；过健康的生活便是受健康的教育……"[1]好习惯不是一朝一夕养成的。常言道："学好三年，学坏三天。"在陶行知看来，"生活即教育"，好的习惯应该是在生活中养成的，是从一点一滴做起的。习武本身是一个行之惟艰的过程，"一日练一日功，一日不练十日空"，只有"冬练三九，夏练三伏"，持之以恒地躬身实践，才是习武者的不二法门。拳谚"功夫依苦练，奥妙赖深思"所体现出的正是武术于人的生命体验的存在和表达。武术之于人生的意义是融入生命的，需要长期坚持方能显现，"三天打鱼两天晒网"是没有办法领略到其中奥妙的。具体到技术习练，武术注重的是"由招熟而渐悟懂劲，由懂劲而阶及神明"的实践理性，强调的是"知行合一"这一中国传统文化的核心要素。在这里，技术练习不再是技艺本身，而成为生命修炼的一个特殊过程。进而言之，"拳打千遍，其义自见，拳打万遍，身法自然"。总之，习武是一个需要长期坚持的过程。此外，"没有规矩不成方圆"，良好的武术习惯当然包括正确的练习方法。好的方法可以事半功倍，帮助习武者快速掌握武术的知识技能，这也是行为习惯的重要部分。拳谚说："低头弯腰，学艺不高。""打拳不遛腿，必是冒失鬼；练武不活腰，终究艺不高。"这些都是对习武习惯作出的具体要求。

如此看来，良好的行为习惯是武术素养的重要组成部分，而培养学生的武术素养应该融入武术教育的每一个环节。武术素养的养成，不能只从知识

---

① 　陶行知. 生活教育文选[M]. 成都：四川教育出版社，1988：105.

出发、从概念出发，而要从武术知识技能的学习出发，让学生在实践中认识到良好的行为习惯是武术素养形成的必要条件，认识到良好的行为习惯是为保障自己生活服务的。从简单的事情做起，并把简单的事情坚持做好了，就是不简单。

第三节　学校武术文化传承应加强武术礼文化教育

一、武术礼文化教育在学校武术文化传承中的地位

学校武术教育应将武术礼文化置于重要位置，通过对习武者的教化使其形成良好的行为习惯。中国素来被称为文明古国、礼仪之邦。礼被认为是一切行为的准则，体现着中国文化的特殊性，在西方语言里没有对等的词汇可以对译。钱穆说："要了解中国文化，必须站到更高来看到中国之心。中国的核心思想就是'礼'。"①礼对中国传统文化以至中国古代社会产生了重要的影响。《礼记》记载："礼者，天地之序也。"在古人看来，礼关乎天地万物的变化，关乎社会秩序的运行，关乎人际交往的方式。礼的内涵丰富、形式多样，可谓无时不在，无处不在。

中国传统教育文化中礼文化教育是一大内容，在古人看来，"凡人之所以为人者，礼义也"（《礼记·冠义》）。唐人孔颖达说："人能有礼，然后可异于禽兽也。"尤其是在儒家所倡导的社会秩序中，可谓处处"有礼"，即使是吃饭，人也应该在举手投足之间显示出自己的修养，"知自别于禽兽"。因此，在中国古代社会中关于礼的教育由来已久。从西周开始即有礼、乐、射、御、书、数的"六艺"教育，相传下来，幼儿时有《幼仪》《弟子规》等礼的入门教材，满月时有满月礼，周岁时有周岁礼，12岁时要行开锁礼，年满18岁有成年礼，娶妻时有婚礼，其他还有生日礼、相见之礼、乡饮酒礼、乡射之礼、

---

① 彭林.中国古代礼仪文明[M].北京：中华书局，2013：3.

丧祭之礼等。育人成功的标志即在于"知书达理",这里的理也有礼的意思,即良好行为习惯的养成。从小做到便是"少成若天性,习惯成自然",否则便是"不知礼,无以立"。

中国武术文化是中国传统文化的有机组成部分,礼的文化和精神,渗透和体现在中国武术文化之中。可以说,中国武术文化就是中国传统礼文化的载体之一,武谚即说"未曾学艺先学礼,未曾习武先习德""武德比山重,名利草芥轻"。传统武术深刻地烙下了礼的印记,由此形成了中国武术礼文化。学校武术教育对于传承武术礼文化本是责无旁贷,但更主要的是发挥武术礼文化的教化功能,实现育人的目的。所谓教化,《中庸》认为,"天命之谓性,率性之谓道,修道之谓教"。教化就是使人修道的行为和过程。因为人天生就是有缺陷的,不是太过就是不及,很难达到"中"的状态,所以有必要进行教化。教化显然比教育更深刻,它是运用有形和无形的手段对人施以正面的影响,既包括耳提面命、行为引导,也包括潜移默化,在不知不觉中达事明理。

在学校武术教育中,武术礼文化教育不应该是孤立存在的,也并非只局限于礼仪、礼法的讲解以及道德伦理的灌输,而应该是结合武术知识技能教育,贯穿于武术教育的全过程,最终使习武者过上有道德的生活,使良好的行为习惯表现于日常生活的方方面面。

二、武术礼文化的构成

(一)武术礼文化与武术礼仪的区别

统观前人的研究成果,我们发现至今还没有人对武术礼文化的含义进行过研究,但是对于武术礼仪的含义问题,不少学者进行了探讨。如毛海涛等人认为:"传统武术礼仪是指传统习武者在习武群落中为建立起人与人之间的特定关系,并为所有习武者所共同认可的,而表现出来的具有浓厚封建等级差异的礼节、行为准则。"①程世帅在其硕士学位论文《论中国武术礼仪文化的缺失与回归》中认为："武术礼仪是武者在日常生活和社会交往活动中应该遵守的各种行为规范的总和，也是习武之人精神面貌的一种体现。……从内容上看，武术礼仪包括拜师礼仪、学艺礼仪、比武礼仪、结谊礼仪、举止礼仪、服饰礼仪等。"②张继生在其《中华武术礼仪》一书中认为，"武术礼仪是习武者应共同遵守的道德行为规范"。③

从以上学者对武术礼仪的解释中可以看到，武术礼仪的核心或主要内容被认为是行为规范，其他学者也持相同的观点，但是我们认为武术礼文化与武术礼仪的含义却有所区别。武术礼文化是指在传统习武者中制定并传承的体现中国礼的精神的内容与形式的总和。其主要内容应该包括武术礼仪和武术礼义，武术礼仪即是对习武之人的行为规范，也可称作武术礼法；武术礼义则是对习武之人的精神规范，也就是人们比较熟悉的武德要求。对中国传统礼文化有比较全面和深刻研究的学者彭林即认为："礼有形式与内涵两大要素，礼书称之为'礼法'与'礼义'。礼法是行礼的形式，包括屋宇、服饰、体态、语言、步趋、器物、方位等要素。礼义是制订仪式的依据，是仪式背后的思想。仪式显露于外，能见度高，容易被人注意。礼义隐藏在深处，难以为人觉察，容易被人忽视。"④彭林对礼进行这样的划分使我们对礼仪和礼法有了一致的看法，即礼仪就是礼法的意思，就是礼的形式部分。对应于武术的礼文化而言就是武术礼仪，而构成武术礼文化内容的武术礼义应该就是武术文化中所倡导的武德。《中国武术实用大全》对武德作出了这样的解释："武德指尚武崇德的精神。"⑤自古以来武德就是习武者的精神规范，隐藏在武术的

① 毛海涛，黄利华，蔡清顺. 浅析中华传统武术的礼仪教育[J]. 北京体育大学学报（增刊），2007（11）：628—629.

② 程世帅. 论中国武术礼仪文化的缺失与回归[D]. 湖南师范大学硕士学位论文，2012：25—26.

③ 张继生. 中华武术礼仪[M]. 北京：中国旅游出版社，2012：10—11.

④ 彭林. 彭林说礼[M]. 北京：电子工业出版社，2011：244—245.

⑤ 康戈武. 中国武术实用大全[M]. 北京：今日中国出版社，1990：700.

各种礼仪规范的背后。

提出武术礼文化概念的原因还在于，在中国礼文化的研究者看来："西方人的礼是礼节、仪式。中国人说的礼无所不包，与西方人说的文化相仿。"①按照这样一种理解，我们自然就可以从文化的视角去观照武术之礼，进而按照文化的一般构成将武术礼文化的构成划分为器物层、制度层和精神层三类。武术礼义部分，即武德内容归属于精神层面的武术礼文化，武术礼仪部分的内容又可以划分为两个方面，一方面的内容是武术礼仪的相关制度与规范要求，例如对何时或何地或何人该行何礼的规定等，另一方面的内容是武术礼仪中可见的事项或器物，如动作的方式、服装的样式等。

（二）武术礼文化的构成特点

我国传统武术礼文化的内容，在武术礼义方面表现为武德方面的要求，可分为一般性武德和专门性武德要求两类。一般性武德要求即是中国传统儒家伦理价值观。如民国时期意拳创始人王芗斋在论及择徒时认为："首重德性……如尊师敬长，重亲孝长，信义仁爱皆是也。"②民国二十五年的一本《河北沧县孟村镇吴氏八极拳拳术秘诀之谱》的谱规凡例中规定："为师授徒，须先教以仁义，再教以忠勇。"③梅花拳中《习武序》的作者杨炳即在习武规矩第一条中要求："凡立教之始，务要他（习武者）知孝悌忠信礼义廉耻之道。"④《少林戒约》要求："尊师重道，孝悌为先。平日对待师长，宜敬谨将事，勿得有违抗傲慢之行为。"⑤

专门性武德要求即是对习武之人精神意志性格方面的特殊要求，如周伟

---

①　彭林.彭林说礼[M].北京：电子工业出版社，2011：253.

②　王芗斋.拳道中枢[A]姚宗勋.意拳.附录[C].北京：北京体育学院出版社，1989.

③　《河北沧县孟村镇吴氏八极拳拳术秘诀之谱·谱规凡例》.1936年印本，现藏中国武术研究院.

④　周伟良.行健放歌：传统武术训练理论的文化诠释[M].兰州：甘肃文化出版社，2005：64.

⑤　李金龙.论中西传统体育基本思维方式的特征[M].北京：人民体育出版社，2002：30.

良在其《行健放歌：传统武术训练理论的文化诠释》一书中所总结的："作为完整反映一个习武者习武过程中心理特征的意志品质，主要由习武者心不旁骛的专心、刻苦磨砺的苦心和以生死相许的恒心三方面内容组成。"专心如《少林七十二艺练法》要求"遇一切外魔挫辱淡然恬然，不介于意，任人之笑骂嘲激，而无动于心，神志专一"[1]；苦心的要求如《武术汇宗》认为"欲得其中真妙法，苦磨苦练得天机""苟无坚心苦志之士，未有不半途而废者"[2]；恒心的要求表现为《少林拳术秘诀》的"五要说"强调"既得方术，要以恒心赴之，勤敏持之，不可中道停辍"[3]。

要求习武之人具有侠义精神也属于情感层面的专门性武德要求，在很多文献记载中都可以看到。如《耕余剩技》作者程宗猷在《少林棍法阐宗·纪略》中所讲，习武是为了"壮干城，靖疆圉，俾师门之指授益藉光且大也"[4]。清末民国初时的精武体育会在"精武会训"中要求："凡我会员必须以仁爱为怀，服务为旨，以我所有，助人所无；牺牲个人之力量，以求造福于人群；忠信待人，廉正守己，见义勇为，积功于天爵；重振风教，多行而寡言。凛遵斯旨，庶几完人。"[5]

关于武术礼文化中的武术礼仪内容，主要是礼节性的内容有一些武术拳派作了比较明确的规定，如《沛县六步架大洪拳谱》中订立了13条弟子礼仪，分别从站相、坐相、言语、应对、进退、出入、侍坐、随行、邂逅和执役等方面做出了详细规定。大多数武术拳派的武术礼仪文化现象主要体现在拜师

---

① 周伟良. 行健放歌：传统武术训练理论的文化诠释[M]. 兰州：甘肃文化出版社，2005：68.

② 周伟良. 行健放歌：传统武术训练理论的文化诠释[M]. 兰州：甘肃文化出版社，2005：69.

③ 周伟良. 行健放歌：传统武术训练理论的文化诠释[M]. 兰州：甘肃文化出版社，2005：69.

④ 周伟良. 行健放歌：传统武术训练理论的文化诠释[M]. 兰州：甘肃文化出版社，2005：72.

⑤ 周伟良. 行健放歌：传统武术训练理论的文化诠释[M]. 兰州：甘肃文化出版社，2005：73.

的礼仪礼节上，如拜师的礼仪大都包括在以下11个步骤中："主事者入席；延师晋堂就位；告天神；告祖宗；呈拜师帖；拜文房四宝；拜孔圣；明师回帖；奉呈学金；礼呈戒尺；开宴。"①"延师"在北方的许多拳种中又被称为"引师""接引师""引进师"，主要起介绍师徒之间相互结识的作用。"延师"角色一般由三类人担任，一类是师傅和徒弟都熟悉的亲朋好友；第二类是与徒弟具有血缘关系的人物，如父兄；第三类是与师傅具有模拟血缘关系的人物，如师傅的徒弟。拜师帖又叫门生帖，其内容格式一般要求写有拜师者的姓名、引师的姓名、师傅的姓名、年月日等。"礼呈戒尺"是徒弟象征性地用红盘把一把尺子（代表戒尺）呈送师傅，其寓意为请师傅严加管教。拜师的最后一个非常重要和庄重的环节是徒弟向师傅行叩头礼。这11个步骤都分别代表着11个不同方面的意义和要求。拜师仪式如此隆重反映了师徒关系建立的极端重要性，就好比结婚典礼非常隆重，反映了结婚乃是个人甚或家庭、家族中的大事，绝对不能轻描淡写、马马虎虎。好像只有用最隆重的形式，才能表达最为重要的内容。

通过上面的资料，我们可以清楚地看到在传统武术礼文化中包含着武术礼义和武术礼仪两个方面的丰富内容和要求，写在书面或流传最广的内容大都是关于武德方面的，再有就是武术礼仪中的师傅收徒仪式。但是在今人的研究中却无人将两者作为武术礼文化的整体进行研究。有的是研究武术道德，有的是研究武术礼仪，也出现了将两者混淆或者说混为一谈的研究现象。例如，周伟良将传统武德定义为"长期以来在习武群落中形成的对习武者的行为规范要求，它协调着习武者之间的人际关系，影响着习武者的各类活动"②。显然，行为规范是属于武术礼仪的范畴。因此，今天我们有必要将武术礼义与武术礼仪结合为一个整体，即从武术礼文化的整体出发进行研究。

---

① 毛海涛，刘树军. 传统武术礼仪教育的文化学思考[J]. 广州体育学院学报，2006（4）：88—90.

② 周伟良. 行健放歌：传统武术训练理论的文化诠释[M]. 兰州：甘肃文化出版社，2005：63.

（三）武术礼文化的认知特点

武术礼仪与武术礼义的关系即是形式与内容的关系，是术与道的关系，形式与内容理想的关系是二者的统一，即内容与形式相匹配。重形式轻内容或重内容轻形式，脱离开内容的形式或脱离开形式的内容都有失偏颇。将其分离的弊端一是走向形式主义，另外就是无法实行，可操作性差，停留在喊口号上。在道与术的关系问题上，历史上中国人在认知与实践层面很少走向二者的真正统一。一方面在价值观层面向来比较重视道而不重视术，对待道的态度是"君子谋道不谋食""朝闻道，夕死可矣"；术则常常被看成是"奇技淫巧"。另一方面又受"实用理性"的思想支配，在实践中表现在将目光仅仅停留在表面形式上，而忘记了内容要求下的内在长远形式。结果是内容落不了地，形式与内容不相匹配，形式常常成了摆给别人看的空架子，而不能通过形式深深地影响到每一个形式参与者的内心和习惯，常常把"经"念歪而走向形式主义。如早在春秋之时，贵族们的行礼作乐多数时候都是在虚应故事，表现为：神座之前摆满了玉器、丝帛之类的贡品，四周陈列着钟鼓等乐器，行礼者煞有介事地揖让跪拜，看上去仪式完全符合要求，但是内心却毫无恭敬之意。孔子看到这样的现象，从而发出了"礼云礼云，玉帛云乎哉！乐云乐云，钟鼓云乎哉！"（《论语·阳货》）的感叹。意思是说，礼啊礼啊，难道是说玉帛吗？乐啊乐啊，难道是说钟鼓吗？贵族们将行礼的形式当成了行礼的内容，而孔子在呼唤着礼的灵魂。这样的呼唤无疑非常重要和必要。在今天看来，重宏观而轻微观，重抽象而轻具体，重言语而轻行为，重道而轻术，重目的而轻手段的价值取向和思维习惯深深久久地影响着中国人的思维方式和行为习惯。

网络上曾流传着中、日、英、美四国的"小学生守则"差异对比，我们把中国与英国的小学生守则进行一下对比就会大致了解中国人对待道与术的态度。中国小学生守则（1981新版）共有10条：（1）热爱祖国，热爱人民，热爱中国共产党；（2）遵守法律法规，增强法律意识，遵守校规校纪；（3）热爱科学，努力学习，勤思好问，乐于探究；（4）珍爱生命，注意安全，锻炼身体，讲究卫生；（5）自尊自爱，自信自强，生活习惯，文明健康；（6）积极参加劳动，勤俭朴素，自己能做的事自己做；（7）孝敬父母，尊敬师长，礼貌待人；（8）热爱集体，团结同学，互相帮助，关心他人；（9）诚实守信，言行一致，知错就改，有责任心；（10）热爱大自然，爱护生活环境。

英国小学生守则也有10条：（1）平安比成功更重要；（2）背心、裤衩覆盖的地方不许别人摸；（3）生命第一，财产第二；（4）小秘密要告诉妈妈；（5）不喝陌生人的饮料，不吃陌生人的糖果；（6）不与陌生人说话；（7）遇到危险可以打破玻璃，破坏家具；（8）遇到危险可以自己先跑；（9）不保守坏人的秘密；（10）坏人可以骗。

通过比较我们发现，中国小学生守则模糊、宏观、高深、难以操作和验证评价；而英国小学生守则却非常微观、具体、重行为、可操作性强。仔细分析我们还可以发现，由于中国人的思维偏向宏观、模糊、整体、抽象，对于内容与形式之间的区别不去认真分别与对待，或不太在意两者的区别而更在意两者之间的转化和相互联系，因此常常会将内容与形式混为一谈，内容就是形式，形式就是内容。甚至认为只要有了内容，形式就会自然而然到位。这种价值追求和思维方式的倾向性也影响和反映在了传统武术界重视武术道德轻视武术礼仪建设方面，例如武术谚语"拳以德立，无德无拳""心正则拳正，心邪则拳邪""武以德立""武以德先"等。其中拳与德、心与拳都是道与术的关系，它们之间应该是对立统一、相辅相成的关系，而不应该是因果关系。这就好比我们所知道的德与才之间的关系可以是有德有才、有德无才、有才无德这样几种情况，而并非有德就一定有才。因此，"无德无拳"和"心正则拳正"的说法是在道与术关系上没有正确认识的结果。再看《大宏拳三晃膀拳谱》中所立"武学十规"，即："立志气，正心术，慎威仪，寡言笑，速改过，纳直谏，思孝悌，亲师友，戒戏谑，勤学问。"[1]其中既有武德方面的宏观要求，也有武术礼仪方面的模糊要求，如"正心术"与"寡言笑"等，

① 周伟良. 行健放歌：传统武术训练理论的文化诠释[M]. 兰州：甘肃文化出版社，2005：66.

可见对于武术礼义与武术礼仪是不加严格区分的。所以，虽然传统武术界各门各派都设立了许许多多的武德方面的要求，但是在如何将武德要求转变为可以具体实行的手段和检查、评价的武术礼仪上，相比较之下就显得捉襟见肘了。比如，《少林戒约》中的武德要求："平日对待师长，宜敬谨从事，勿得有违抗傲慢之行为。"如何做到"敬谨从事"则是武术礼仪的事情了，本应该体现在饮食起居、言谈举止、服饰表情等日常生活中非常具体的许多习惯养成方面。但是除极少数拳种流派流传下来有具体要求外，大多数拳种流派无从发现流传有更为具体的武术礼仪规矩，以致在传统武术界不存在一套能够实现武德要求的比较客观的行为规范与标准，能不能实现就全靠习武者自己的悟性了，或者将一个人武德好坏的评价权利交给了大众评审。这样一来，在中国武术的历史上就找不到太多公认的有德有拳、心正拳正的武林豪杰了，太多武林豪杰只存在于武侠类的小说之中！总之，中国传统武德涉及认知范畴的传统伦理道德、意志范畴的专心苦心恒心、情感范畴的见义勇为侠义精神等非常丰富的内容，但是这些道德要求落实在手段层面和行为规范性、细节性的武术礼仪上却很难见到。

三、中国武术礼文化的继承与超越

中国武术礼文化是一个包含武术礼义和武术礼仪，内容非常丰富的不可分割的整体，武术礼义是武德，是内容，是宗旨；武术礼仪是礼法，是形式，是手段。传统武术礼文化在培养传统中国习武者的过程中发挥了重要的育人功能，成为传统习武者社会化的桥梁和纽带。历史发展到了今天，面对传统武术礼文化，既要继承又要超越是我们应该采取的正确态度。应该继承武术礼文化育人的宗旨。应该继承的武德内容包括：仁爱、谦和、扶危救困、见义勇为、尊敬师长、专心致志、勤奋刻苦、意志坚强、诚实守信、文明礼貌等思想和价值观。同时，"一日为师，终身为父"的封建社会师傅与徒弟之间的人身依附价值观，以及封建等级观念、君臣观念和门户观念都是应该抛弃的思想。应该建设和超越的是社会主义提倡的新型平等人际关系、互敬互爱的新型师徒关系，集体主义、爱国主义精神和开放的胸怀。在武术礼仪方面，应该继承的是传统武术礼仪中的抱拳礼、注目礼、持械礼、递械礼、接械礼等动作规范。对传统"拜师礼仪"可以有选择地加以改造，对一些明显带有封建迷信和表面文章的武术礼仪内容予以抛弃。

武术管理部门要尽快研究制定一部统一、规范、科学的武术礼文化手册，作为世界范围内所有武术习练者从事武术运动所必须遵从的指南和法则；要像奥运会期间为提高国人的素质所采取的措施那样，很好地借鉴跆拳道礼仪教育的思路和做法，通过书籍、电视、网络等途径进行宣传、教育，将武术礼文化教育渗透到家庭、学校和社会中；要建设符合学校武术教育特点的武术礼文化，在普通高校、武术馆校以及任何开设武术课程的学校开设专门的武术礼文化课程，普及武术礼文化知识；要建设符合竞技武术范围的武术礼文化；要建设符合社会武术需要和发展的武术礼文化；要深入研究武术礼仪的具体化问题，由术入道，以习武者良好的行为习惯养成作为出发点和落脚点，实现武术礼文化的育人功能；要建设和弘扬具有中国优秀文化特色，符合当代中国社会、政治、经济、文化、生态文明建设发展需要的武术文化。

第四节　学校武术文化传承应该重视尚武精神的培养

多年前，美国纽约现代武士学校校长访问中国后曾写下一段话："一些学生学习武术仅仅是为了学习武打和格斗，而对真正的武术精神，即武魂，却产生了迷茫。所以，我下决心带一部分学生来到中国，以便帮助他们寻找真正的武术传统、文化、哲学和精神，进行武术寻根。"[1]那么，真正的武术精神是什么？尚武精神是武术精神吗？尚武精神与武德、侠义精神有什么关系？尚武精神在当代社会有存在的价值与必要吗？

---

[1]　徐才. 探索武术世界的奥秘[J]. 现代中国，1991（9）.

一、尚武精神的内涵与实质

从历史发展的角度来看，对尚武精神的解释不仅要具有时代性，还应该具有相对稳定性和普遍适用性。我们认为用见义勇为精神来解释尚武精神是比较恰当的。尽管孙中山先生早在1920年就为精武体育会书写了"尚武精神"的匾额，而时至今日人们依然没有对尚武精神的内涵形成共识，也没有对尚武精神作出比较合理的解释。在以往的研究中，人们往往把尚武精神与军事或战争联系在一起。洪春华认为："一般来说，只有战争和保卫耕地紧紧地、直接地联系在一起时，才能最大限度地激发起汉民族的战争热情和尚武精神。"[①]张世平认为："所谓'尚武精神'的原始含义，是指人类在武力冲突中战胜敌人所需要的各种精神品质。"[②]谢广田和蔡宝忠[③]却认为，尚武精神的内涵概括起来表现在三个方面：其一，强身自卫是武术活动的基本精神内涵；其二，超越自我是尚武精神的一种境界；其三，尚武精神代表了中华民族的气节。刘保刚[④]在《试论近代中国的侠义精神》一文中将尚武精神的内涵又归结为强健的体魄、勇敢无畏的精神、力行精神三点。时至今日，仍有不少人持有这样的观点，认为尚武精神就是崇尚武力和具有战斗力。但是，这样的认识并不全面。如果将尚武精神局限于军事或武力，那么很容易与"穷兵黩武"相联系，而且这样的认识也不符合社会的发展潮流，毕竟和平与发展是当今世界的主流。也正是由于人们对尚武精神的片面理解，导致了部分青少年习武者认为具有尚武精神的表现就是敢于运用武力解决问题；不能正确理解行侠仗义的真正含义，从而引发了青少年暴力事件。

要理解尚武精神，我们首先要对尚武有一个比较准确的把握。《现代汉语

① 洪春华，周文. 止戈为武：从《诗经》战争诗歌看先秦之尚武精神[J]. 咸宁学院学报，2003（2）：36.

② 张世平. 论尚武精神[J]. 政工学刊，2006（1）：46.

③ 谢广田，蔡宝忠. 论中华民族的"尚武精神"：近代著名教育家、思想家、政治家的武术观[J]. 搏击（武术科学），2005（1）：18—20.

④ 刘保刚. 试论近代中国的侠义精神[J]. 郑州大学学报（哲学社会科学版），2013：149—154.

词典》解释尚武为"注重军事或武术"。[①]军事是与军队或战争有关的事情，武术通常是指攻防格斗的技术。但是有学者认为："在辞书中解释'尚武'的基本意思就是'崇尚武力'，这里的'武力'包括军事和武术，如果宽泛一些解释为'崇尚勇武'可能更容易理解和为一般人所接受。"[②]这里将尚武解释为"崇尚勇武"，我们认为这样的转换不妥，因为勇武是英勇威武的意思，用来形容一个人的精神和形象。军事或武术是能够使个人或国家变得勇武起来的手段和途径。崇尚勇武还可以通过小说、戏剧、绘画等形式进行表达，不一定非要通过军事或武术的形式来表现。注重军事或武术所带来的结果对于一个国家或国民来说就不仅仅是形式上的勇武，而变成形式与内容相一致的勇武了。我们缺少的不是知识或理念，而是行动！

清华大学武术哲学教授乔凤杰认为："尚武的目的，是要强健人们的身心，使人们具备良好的身体素质、强大的攻防格斗能力，以及积极进取、勇于担当、顽强拼搏等的精神意志。而尚武之强健身心的这些内容，既是国家的需要，也是每一个个体生命的需要。因为，身心强健，特别是其中的积极进取、勇于担当、顽强拼搏等精神意志，不但是战场杀敌、防身自卫的前提，而且也是支撑生命、成就事业、展示与体验人体生命之美的基础。"[③]乔凤杰对尚武的理解，与梁启超于1903年发表在《新民丛报》上的《新民说·论尚武》一文中对尚武的解释有相似之处。梁启超认为尚武是崇尚体育之意。文章指出，斯巴达之体育教育，德国、日本、俄国等国的军民体育教育方法，均使其国民强悍有力而得以使国家强大。可以看出梁启超对体育在培养强悍有力的国民方面的作用有着深刻的认识，是从宏观方面对尚武和体育之义发出的真知灼见，但是并没有具体针对武术而言。今天如果把尚武理解为崇尚体育，那么就使得尚武一词的含义有了不同的理解，到底应该如何理解和统一尚武之

① 中国社会科学语言研究所词典编辑室. 现代汉语词典[M]. 北京：商务印书馆，2009：190.

② 温力. 武术与武术文化[M]. 北京：人民体育出版社，2009：54.

③ 乔凤杰. 尚武，绝不只是为了国家的利益[EB/OL]. http：//m.sohu.com/a/26793161_223188/,2015-8-11.

意的必要性就更加显而易见了。武术与体育不是同一个概念，体育所包含的项目很多，而且越来越多，有很多并非都具有培养强身自卫的作用，武术有别于很多其他体育项目。如果说把尚武之武理解为体育，就意味着所有的体育项目都具有培养强身自卫的作用，而这显然与很多体育项目的特点和作用是不相符的，例如艺术体操、体育舞蹈等。另外，这样的认识就显得偏于宏观而不准确了。

但是，我们可以明确的是尚武与尚武精神是有区别的。尚武不论是指崇尚武力，还是指崇尚武术，总之它是一个事实判断。尚武精神，应该是指通过武术或武力活动所达到的一种被社会认可的精神境界。二者的区别类似于武术与武德的关系，武术是攻防格斗的技术，而武德是社会对习武者行为的约束和规范。正如前文中谈到的武术定义，我们虽然把武术看作是技术的范畴，但是技术的发展限度分为极限与界限。武术的极限是不断追求技术的精进，而界限是规定了习武者什么能做，什么不能做。因此，在注重武术即尚武的同时，更为重要的是培养学生的尚武精神。

关于尚武精神一词的含义，在辞书中至今尚没有专门的解释。温力在《武术与武术文化》一书中认为："尚武精神实际上就是中国文化精神中刚健有为精神的一种表现，当这种精神表现为尚武精神时，更加凸显了崇尚勇武的特点。"[①]又说："今天我们所提倡的尚武精神是中国武术文化中武术传统的核心，是每一个中国人都应发扬光大的民族精神，它应该是一种以爱国主义为核心，以崇尚勇武为特征，团结和谐、积极向上、刚健有为的民族精神。"[②]可以看出，上述对尚武精神的解释前后是不一致的，后者在刚健有为精神前面增加了很多限制词，使尚武精神变成了一种特殊的刚健有为精神。

孙中山题写的"尚武精神"匾额，细推其所写《精武本纪序》可知，武为武术而非其他。文中写道："精武体育会，成立既十年，其成绩甚多，识者称为体魄修养术专门研究之学会。盖以振起从来体育之技击术为务，于强种

---

① 温力. 武术与武术文化[M]. 北京：人民体育出版社，2009：74.
② 温力. 武术与武术文化[M]. 北京：人民体育出版社，2009：86.

保国有莫大之关系。"①"从来体育之技击术"最恰当的解释就是武术。孙中山也并没有对所题"尚武精神"的含义给出明确的解释，但是从上文可以看出其提倡武术，以达到强种保国的目的和思想。"体育会名精武，锻炼爱国青年；体育会名精武，发扬国技精英。急起直追，振奋向前，气象峥嵘万千。匹夫有责，救国能胜，填胸热血时倾。精则弗粗，武则弗弱，琴心剑胆互牵连。恢宏士气，振奋雷霆，三星旗飘映日星。"②精武体育会的会歌也可以印证爱国救国、弘扬国术、由弱变强即是精武体育会所倡导的精神，同时也是孙中山所提倡的精神。那个时期国难当头、外强欺侮，爱国、爱民族成为每一个中国人最正义的选择，又值当时有体育救国、武术救国的思潮，所以将孙中山所提倡的"尚武精神"理解为爱国精神应该不无道理。

但是，我们认为尚武精神应该是尚武所要追求和能够实现的一种精神境界。尚武是指"注重军事或武术"，这样的表述是一种事实判断，而不是代表着一种价值判断，就国民尚武而言，我们一般将武狭义地理解为武术比较恰当，因为"注重军事"对于国家和军人而言比较恰当，对于国民谈"注重军事"是不切合实际的事情，除非一种全民皆兵的状态。所以尚武精神一般主要是针对国民而言的。尚武精神常常被理解为一个褒义词，是希望通过武术活动达到的一种被社会所认可的精神境，它与尚武的区别就好比练武与武德的区别一样。"注重武术"会成为一把双刃剑，社会中的不法分子"注重武术"，就会对无辜的民众产生威胁和危害，因此在注重武术即尚武的同时，更为重要的是培养国民的尚武精神。另外，尚武精神的解释不能只具有时代性，而且还应该具有相对稳定性和普遍适用性，这是尚武精神一词所要表达的概念应该具备的性质，我们认为用见义勇为精神来解释尚武精神是比较恰当的。

因为在梁启超《中国之武士道》中将孔子之传列在第一，并说："天下之大勇，孰有过我孔子者乎……《论语》《中庸》，多以知、仁、勇'三达德'并

① 国家体委体育文史工作委员会编. 中国近代体育文选[M]. 北京：人民体育出版社，1992：47.
② 程大力. 中国武术：历史与文化[M]. 成都：四川大学出版社，1995：297.

举，孔子之所以提倡尚武精神者至矣。"①这里所提及的尚武精神即是针对儒家文化中"勇"的概念而言。传统文化所提倡之勇是义勇、大勇，即是见义勇为之意，并非一般意义上的勇敢。《论语·阳货》中说："子路曰：'君子尚勇乎？'子曰：'君子义以为上。君子有勇而无义为乱，小人有勇而无义为盗。'"《论语·为政》亦说："见义不为，无勇也。"《荀子·荣辱》亦持同样的观点："有狗彘之勇者，有贾盗之勇者，有小人之勇者，有士君子之勇者；争饮食，无廉耻，不知是非，不辟死伤，不畏众强，恈恈然唯饮食之见，是狗彘之勇也。为事利，争货财，无辞让，果敢而振，猛贪而戾，恈恈然唯利之见，是贾盗之勇也。轻死而暴，是小人之勇也。义之所在，不倾于权，不顾其利，举国而与之不为改观，重死持义而不桡，是士君子之勇也。"所谓义，一般是指公正合宜的道理或举动。中国传统文化中见义勇为的意思是"看到正义的事情奋勇地去做"，与儒家文化传统意义上所说之勇具有同样的含义。具有见义勇为精神的人，我们常常将其称为英雄。《现代汉语词典》将"英雄"一词解释为两层意思，一是本领高强、勇武过人的人；一是不怕困难，不顾自己，为人民利益而英勇斗争，令人钦佩的人。具有见义勇为精神的人所表现出的自然是一种英雄气概。综上所述，用见义勇为一词来解释尚武精神之意，符合了尚武精神所要表达概念的相对稳定性和普适性要求，如此，则尚武精神对应的更为具体的意思是见义勇为精神，见义勇为精神对应的更为具体的对象是英雄，到此我们即认为将尚武精神解释为见义勇为精神应该是比较恰当的。

二、培育尚武精神要与武德教育相结合

我国的教育改重文轻武为文武并重，不仅没有过时，而且早该实施。《环球日报》2010年12月13日登载了一篇题为《中国要成为一流强国，需要男子汉精神》的文章，文章中这样写道："未来主流社会应该是一个物质极大丰富、

---

① 梁启超. 中国之武士道[M]. 北京：中国档案出版社，2006：2—3.

法治非常健全的社会，更应该是一个激荡着阳刚之气、充斥着尚武精神的社会，更应该是一个高扬着爱国主义和革命英雄主义主旋律的英雄时代，……尚武精神和大无畏的革命英雄主义气概应纳入国民教育体系，成为我们民族精神的一个重要组成部分。"可喜的是，《中国体育报》2014年3月12日第一版刊登了题为《推进段位制，武术强身心》的文章。时任国家体育总局武术运动管理中心主任高小军与网友交流互动中明确表示："首先是在试点学校，重点是中小学。试点以省为单位，该试点省的所有中小学必须开展武术段位制教学。"因为，武术运动不同于其他运动项目，它是体现尚武精神的最好形式，具有其他运动项目无法替代的地方，从"遇强不惧，见弱不欺""未曾学艺先学礼，未曾习武先习德""万两黄金不卖艺，十字街头送志人""站如松、坐如钟、卧如弓、行如风""拳似流星眼似电"等拳谚中，从少林寺僧众行集体拳操时如雷的吼声中，我们能够感觉到一种气势与精神，那是只有中国人自己才能理解的精气神。

（一）尚武精神是习武者必须具备的品德

尚武精神应该属于武德的范畴。武德是习武之人学习或运用武技时应该遵循的道德规范与准则。武德所包括的内容有许多，见义勇为精神就是其内容之一。但是就如医生的职业道德是救死扶伤，教师的职业道德是教书育人，军人的职业道德是保卫祖国一样，尚武精神是专门意义上的武德，是习武之人特别强调的职业道德，与一般要求应该遵循的其他社会公德不同。救死扶伤可以不必是每一个人应该具有的品德，但对于接受过医生这一职业教育的人来说却是人人必须具有的品德；同理，可以不必要求每一个人都具有见义勇为这种品德，但对于接受过武术教育的人来说则要求人人必须具有！

（二）武德教育是社会主义道德规范下的教育

要对见义勇为之义进行正确理解，加强武德教育。我们知道，道德要求大都具有历史性，其内容会受一定的社会物质生活条件所制约，也就是说，道德是历史的产物。今天我们要进行的武德教育是社会主义道德行为规范范畴的武德教育，作为武德中代表习武之人职业道德的见义勇为精神，其中之义作为判断是非善恶的基本价值规范，"其核心思想就应该是'正义奉公'，主要内涵包括：持正重义、利群济困、奉公爱国"①。持正重义，就是为人要正直刚强，坚持真理和正义，为推进社会正义和人类进步事业不计个人利害得失，乃至舍生取义。利群是指在处理社会整体利益与个人利益关系上，以社会整体利益为本位，个人利益服从社会整体利益。济困主要是指人们应尽力救助各类社会困难群体。奉公爱国是指维护和发展社会公共利益、集体利益，增强对祖国和民族无比忠诚的国家意识和民族意识，自觉地把个人的利益、前途、命运同祖国的利益、前途、命运紧密联系在一起，自觉投身到祖国建设之中，以实际行动热爱祖国、建设祖国、保卫祖国。

（三）武德教育应遵循道德教育的规律

遵循思想品德教育规律，把见义勇为精神培养落实在行动中。见义勇为是一个知行合一的过程，见义是一个认知的问题，是勇为的前提，但是只停留在认知层面就无法真正体现见义勇为精神。勇为相对于见义更加重要和关键，做一寸胜过说一尺。培养见义勇为的精神要遵循思想品德教育的规律，要将知、情、意、行有机地统一起来。在使人们准确识别"正义奉公"的基础上晓之以理，动之以情，以英雄模范为榜样，以社会舆论为导向，形成良好的见义勇为客观环境，激发起见义勇为的情感。继而进行勇气和意志力的培养，从身边的小事做起，激励人们由知到行、由见义到勇为的质的飞跃。

三、尚武精神的当代价值

（一）有助于促进青少年身体素质的提高

清末，西方列强用坚船利炮打开了古老中国的大门。当时，在西方看来，

---

① 荆惠民等.中国人的美德：仁义礼智信[M].北京：中国人民大学出版社，2006：91.

"中国之历史，不武之历史也，中国之民族，不武之民族也"①。民生涂炭促使有识之士思考国家的出路，时年32岁的梁启超愤而下笔，著成《中国之武士道》。梁任公在该书序言中带着悲愤的情感叙述了中华民族尚武精神归于瓦解的历史历程，并指出这一尚武精神的消失是中华民族受人欺凌的重要原因。1917年，毛泽东著《体育之研究》，发出了"国力恭弱，武风不振，民族之体质日趋轻细，此甚可忧之现象也"②的呼喊，并提出"欲野蛮其精神，先野蛮其体魄"的主张。

时间已经过去一个世纪，再看今日我国青少年身心状况依然不容乐观。青少年是民族的希望、国家的未来，学生体质的持续下降已经引起了全社会的关注。据2012年3月12日的《中国体育报》报道，教育部等6部委连续25年的"全国学生体质与健康调研"结果显示，我国青少年体质一些重要指标呈下降趋势。具体而言是：心肺功能下降，运动能力趋低；胸围越来越宽，肺活量越来越小；身材越来越高，跑得越来越慢；体重越来越大，力量越来越小。视力不良检出率不断攀升，位居世界前列。2010年，小学生视力不良检出率为40.9%；初中生为67.3%；高中生为79.2%；大学生为84.7%。

国家必须重视国民身心强健和尚武精神的培养，西方发达国家早就认识并做到了这一点。无论是美国，还是德国、英国、法国，都非常重视国民的身心强健教育，广泛开展大众健身活动，锻炼身体成为多数国民的生活习惯；东方的日本，始终没有丢弃武士道精神的教育，大力普及柔道、空手道、合气道、剑道、弓道、雉刀道、铳剑道等武技，并一直以道的高度予以敬重。雷海宗的观点值得我们深思："身体与人格虽非一件事，但一般来讲，物质的血气不足的人，精神的血气也不易发达。"③要培养尚武精神，当然离不开体魄的培养，因为体魄与精神有非常密切的关系，西方早有健全之精神寓于健康之身体的说法。我们期盼以弘扬中华优秀文化、实现中华民族伟大复兴中

---

① 梁启超.中国之武士道[M].北京：中国档案出版社，2006：1.
② 毛泽东.体育之研究[M].北京：人民体育出版社，1979：1.
③ 雷海宗.中国文化与中国的兵[M].北京：商务印书馆，2007：215.

国梦为契机，尽早解决制约我国武术教育和国民尚武精神培养的各方面因素，使国民的尚武精神得以养成！国家更加繁荣强大！

（二）有助于振奋青年一代的民族精神

有人认为和平年代不需要提倡武力，然而唤回民族的血性需要尚武精神。从原始人折木为棍到现代化武器，文明改变的只是暴力的方式。世界上任何一个民族的崛起都是靠自强不息、尚武强国。2013年1月24日《中国体育报》刊登了题为《文化学者钱文忠谈武术——复兴要尚武 育人不可废》的文章。钱文忠强调："中华民族的复兴，一定要尚武……武术育人功能不可忽略，尚武绝对不意味着轻文，但不尚武，文根本没有物质基础。"①钱先生的话振聋发聩，倡导武术教育的普及，振奋青少年的尚武精神，改变我国教育重文轻武现状，实现文武并重，不仅没有过时，而且早该实施。

1935年，范振兴在《体育杂志》第一卷第3、4合期上发表了《我对于国术的所见》一文，文中这样写道："现在战事利器日进千里，战事日渐趋于科学化，于是好多人便说国术是没用的东西了，其实他们未免太过于浅视，他们忘记了国术足以养成国民英雄振作之气，而那亦实是战事胜利上必要的一个条件。'众志成城'，尚武之风亦实为国防的利器。……即以个人的立场来说，国术无疑亦是个人自卫的方法之一。携有利器的土匪我们固无如之何，但法律上允许的'正当防范'，我们实行时总有用着国术的时候；精通国术者较常人遇险的时候少，总是可悲的事实，……每听见有人被劫被偷，我总不免跳动起来，代那当事人愤恨叹惜，因为在我觉得，他们实未免太懦弱得可怜了！"从人的需要角度来看，安全需要，包括财产安全、生命安全等是人们基本的需要，这种需要的满足离不开国家和社会的安定、法治有力，但同时也离不开个人的安全意识和自卫能力。孙中山1919年在《精武本纪序》中早已揭示了这一点："慨自火器输入中国之后，国人多弃体育之技击术而不讲，驯至社会个人积弱愈甚，不知最后五分钟之决胜，常在面前五尺地短兵相接

---

① 钱文忠.复兴要尚武 育人不可废[N].中国体育报，2013.1.24（7）.

之时。为今次欧战所屡见者，则谓技击术与枪炮、飞机有同等作用，亦奚不可，而我国人曩昔，仅袭得他人物质文明之粗末，遂自弃其本体固有之技能，以为无用，岂非大失计耶！……易曰：慢藏诲盗，冶容诲淫。孟子曰：人必自侮，而后人侮之；国必自伐，而后人伐之。此皆为不知自卫者警也。"①这样中肯的教诲，今天听来感觉犹新，理不过时。

---

① 国家体委体育文史工作委员会编. 中国近代体育文选[M]. 北京：人民体育出版社，1992：46—47.

第四章 学校武术文化传承方式
存在的问题与改进措施

学校武术文化传承方式其实可以看作学校武术教学方法。教学方法的选择取决于武术教育目标和各种教育因素，合理运用教育方法可以达到教育效果的最优化。"教无定法，贵在得法"，在实际教育中，教师合理选择和运用教育方法是影响教育质量的关键问题。学校武术教育方法是沟通教育活动的中介，完成武术教育任务的工具。由武术知识与技能转化为武术素养，其中需要教育方法的作用。合理的武术教育方法可以激发学生的习武兴趣和热情，培养正确的习武动机，有助于武术教育目的的实现。

武术教育方法的选择主要受制约于武术教育内容，它是把武术教育内容转化为学生的知识、能力、思想、感情而采取的手段，是为实现武术教育目的而服务的。学校武术文化的传承应该包括武术的知识与技能、行为习惯、思想品德等方面。因此，在传承方法的选择上应充分考虑武术文化的特点及武术的本质特征。另外，学生的可接受水平以及教师的自身条件也是选择传承方法应该充分考虑的条件。传承方法的选择应该与学生的身心发展规律相适应，并且教师可以熟练运用。在传承实施过程中，传承方法必然又受到环境的制约。传承环境是一种特殊的环境，是在选择传承方法时必须要考虑的，不仅包括场地、器械等硬环境，也包括人际关系、课堂气氛等软环境。总之，武术文化传承过程中选择和运用传承方法要根据各方面的实际情况统一考虑。

第一节　学校武术文化传承方式应彰显武术教育的特点

一、武术知识技能教育应内外兼修

内外兼修是中国传统武术的显著特征，它受中国哲学整体观的影响成为武术练功的重要原则。刘宏伟对传统武术与现代武术训练进行了比较，其调查结果显示："有53.9%的人认为传统武术训练比现代武术训练更注重内在和整体。"①这个结果也引发了我们的思考，现代体育教育方法关照下的武术教育能否真正实现内外兼修？

武术中强调的内外兼修，其内涵是多层次的，既包括形与神的统一，也包括德与艺的融合。武术中讲的外与内，是相互联系、互相制约、相互渗透的统一整体，是中国整体思想形神观的体现。就人体而言，外指的是身体，即躯干、四肢、筋骨皮等，内指的是精神、意识、思维活动；就其表现形式来说，外指的是手、眼、身法、步，内指的是精神、气、力、功；就整体而言，外指的是具体的运动形式、身体形态，内指的是心理品质、精神状态。不同的武术流派，有各自的练功方法，然而各拳种流派都均强调"外练筋骨皮，内练精气神"，注重形体与精神的统一。长拳讲"内练一口气，外练筋骨皮"；太极拳讲"内宜鼓荡，外示安逸"；形意拳讲"心意诚于中，肢体形于外"。"练拳不练功，到老一场空"，内练可以改善习武者精神、气质以及气血运行等方面的状态，外练可以增强骨骼、肌肉等机能。内练练的是精神、气、力、功，外练练的是手、眼、身法、步。各拳种都把内外兼修看作是练功的原则，"只有内练和外练统一，才能达到形神共养，形体和精神的协调平和，

---

① 刘宏伟，姜娟. 武术传统训练相关问题研究[J]. 沈阳体育学院学报. 2003（4）：115—117.

实现强健体魄的目的"①。被称为"竹林七贤"的嵇康认为:"形恃神以立,神须形以存。"②用《黄帝内经》中的话说就是,一方面,"形体不蔽,精神不散";另一方面,"精神内伤,身必败亡"。武术在内外关系的处理上就是以此为思想基础,并体现出内外兼修、偏重练内的特点。中国武术众多流派,几乎没有哪一家不强调内功修炼。太极拳《十三势歌》中所说:"若言体用何为准,意气君来骨肉臣。"这就要求在运动中把精神、意念贯注于一招一式之中,达到"心中无一物,极其虚灵"的境界。形意拳将练精化气、练气化神、练神还虚作为修炼达到的三层功夫。其中最高一层"练神还虚"就是以精神、意识达到虚静状态为标志的。《少林拳术秘诀》曰:"外功之练习,乃肉体筋骨所有事;而内功之修养,实性命精神所皈依,离而二之,则为江湖末技,合而一之,则为神功。"正如《苌氏武技书》中所讲"炼形以合外,炼气以实内",只有内外兼修才能达到上乘功夫。

此外,武术中的内外兼修还表现在精湛的技艺融合于高尚的道德。"中国武术自他产生以来,就被纳入中国伦理之道。"③武术中鲜明的伦理特色处处表现出仁义之国、礼仪之邦的民族特征。以孔孟仁学为核心的道德伦理指导着习武者追求"内圣外王"的人生理想。在武术教育实践中表现出"以武修道,由道统艺"的特征,重视个人的完善,讲究自身的修炼,追求"内圣外王"被奉为最高境界。习武悟道、习武参禅是各派拳家共倡的大义。"艺无德不立",传统武术始终极鲜明地将武德置于首要地位,没有合适的传人,甚至"宁可失传,也不轻传"。少林《拳经拳法备要》强调"道勿滥传"、应传"贤良之人"。《少林短打十戒》中强调:"强横不义者不传,强横则为乱,无义者则负恩。"《苌氏武技书》强调:"学拳宜以德行为先,凡事恭敬谦逊,不与人争,方是正人君子。""学拳宜以涵养为本,举动间要心平气和,善气迎

---

① 江百龙.武术理论基础[M].北京:人民体育出版社,1995:47.
② 转引自李金龙.论中西传统体育基本思维方式的特征[M].北京:人民体育出版社,2002:16.
③ 江百龙.武术理论基础[M].北京:人民体育出版社,1995:47.

人，方免灾殃。""学拳宜作正大事情，不可恃艺为非，以致损行败德，辱身丧命。""学拳宜人端方，缄默少言，以豪杰自命，以圣贤为法，方能明哲保身。"在传统武术中历来讲究将习武看作求道的过程，通过习武达到内外兼修之目的，把个人道德和学问上的修养与济世安民结合起来。天下兴亡，匹夫有责，这一美德在武林中表现尤为突出。"封侯非我愿，但愿海波平"，明代武术家戚继光立志保卫祖国海疆。武术虽然是格斗的技术，但是习武者崇尚的却是"不争"，或是有节制的竞争。止戈为武，尚武并非穷兵黩武，而是为了制止干戈。"纵观我国传统武术的各个拳种，均呈现出东方文明的气质——斗争而有礼让，有劲而不粗野，艺纯熟而不炫浮，情饱满而含蓄内向，富于观赏且追求高尚的精神气质。"[1]武术家们也表现为大义服人、先礼后兵，比武较技时遵守点到为止、悬而不击和击而寸止的行为规范。见利思义、舍己从人既是儒家对君子的要求，也是太极拳拳理关于技击的核心要义。

二、武术行为习惯教育应体用兼备

体用兼备的技术特征被看作是武术本体存在的形式。[2]何为体用兼备？哲学上讲："事物的本质谓之体，事物的功能谓之用。"康戈武在《中国武术实用大全》中介绍"拳家体用说"时说："古代思想家以'体'指事物的形质、本体，以'用'指事物的功用，属性。一定的'体'，具有一定的'用'。离开'体'，'用'就不存在了。拳家引申这些含义，形成了多种体用说，常见的有动静体用说。《形意拳经》以'静为本体，动为作用'。其次是以成套单练和散招搏斗为体用。李存义说：'自己练蹚子为体，与人相较时，按练时而应之为之用。'还有以练技健身为体，以运技搏斗为用。拳家罗列这些体用范畴的目的，是为了在训练上有意地展现其'体'，以增强其'用'；明晓其'用'，以规范其'体'。使体用兼备，体用互促，体用一致。"[3]细究中国武术

① 江百龙.武术理论基础[M].北京：人民体育出版社，1995：25.

② 彭芳，吕韶钧等.武术拳种的理论阐析[J].北京体育大学学报，2009（9）：29—31.

③ 康戈武.中国武术使用大全[M].北京：人民体育出版社，1990：67—68.

所强调的体用兼备，其实大致包括两方面的内容：一是打与练的结合；二是知与行的统一。

武术源于实践，经历了由实践到理论，再由理论到实践的循环往复过程。武术自身的攻防格斗特点和深邃的文化积淀，决定了武术教育方法不能等同于一般的体育项目。打练结合是武术体用兼备最直接的表现。传统武术历来讲究"既得艺，必试敌"。由体及用，体用结合，是传统武术各门派训练的固定程式。实践证明，通过武术套路教学达到提高攻防格斗技能的效果是有限的。事实上，武术各门派没有哪一门派是只讲套路而不讲用法的。通常是在套路练习的基础上进行拆招、喂招、散手等环节的教学以实现习武者实战能力的提升。在传统武术的发展历程中，打练结合或打练并进[①]也许并不是一个需要探讨的问题。从武术的起源及发展历程来看，技击是武术亘古不变的目标追求。武术得以发展正是由于习武者不断追求技击技术精进的结果。但是，随着现代武术体育化的发展，以及在特殊的历史时期对武术"唯技击"论的批判，使武术的练与打出现了分离，甚至对武术的打进行了回避。从20世纪80年代开始，以套路为表现形式的练和以散打为表现形式的打各成体系，并且朝着不同的方向发展。在学校教育体系中，拳种或门派不再是区别习武者身份的依据，取而代之的是练套路的还是练散打的。在专业性体育院校，武术与民族传统体育专业分别开设套路班和散打班，培养目标、课程设置各有侧重。各级各类武术比赛也分别设置套路和散打比赛。在教学与训练中，套路被归入技能主导类表现唯美性运动项群，与体操、跳水同为一类；而散打被归入技能主导类同场对抗性运动项群，与拳击、跆拳道同为一类。二者从教学内容、教学方式到考评办法均各成体系。因此，"会练的不能打，能打的不会练"成为一个普遍现象。甚至，套路成为人们对武术的普遍认知。对武术本质认识的偏离导致教学内容的设置和教学方法的选择均背离了武术教育的目的，致使学校武术教育发展受到了严重限制。

① 杨建营. 当代2种典型武术教育改革理念之冲突解析[J]. 首都体育学院学报，2015（6）：532—536.

　　广义理解武术的体用兼备，还包括知与行的统一。明代哲学家王阳明提出了知行合一的理论，他认为"知是行之始，形是知之成"，"知而不行，只是未知"。中国传统武术深受此影响，形成了体用兼备的鲜明特点。首先，知行合一在武术中表现为各门派拳法均要依照本门拳理进行习练。杨澄甫在《太极拳之练习谈》中说："中国之拳术虽派别繁多，要知皆寓有哲理之技术。"如八卦掌"以极似道教'转天尊'的绕圆走圈导引术和武术的攻防方法融合成基本运动形式，采用'易理'论述拳术运动规律，形成'以动为本、以变为法'的基本拳理"[①]。形意拳以三体式为基本桩功，以五行、十二形为基本拳法，以五行学说为基本拳理，远取诸物、近取诸身，象形取意、取法为拳。各拳种均需按照各自拳理习练才能凸显本流派的特征。其次，知行合一在武术中还表现为将武德的内容内化为习武者的行为习惯，并融入日常生活中。武术在漫长的发展历程中，形成了内容丰富、规范严谨的武术礼文化。传统武术历来强调"未曾学艺先学礼，未曾习武先修德""不学礼，无以立"。在学校武术教育中，对于武林极为重视的武术礼文化的传承却远远落后于跆拳道等外来武技。这必须引起我们的反思，如何让武术礼文化融入生活？中国武术礼文化之所以没有融入生活，就因为我们的武术课程以礼文化的知识为逻辑，注重武德知识、礼仪规范的传授，是一种关于道德知识的教育。孔子说："知及之，仁不能守之，虽得之，必失之。"（《论语·卫灵公》）即是说，道德观念如果只停留在认识阶段，而不能转化为道德信念和道德行为，那么道德就失去了规范的作用。在杜威看来，这种道德知识灌输培养的是具有"关于道德观念"的"道德知识人"，而不是具有"道德观念"的"德性人"[②]。武术文化所彰显的崇德尚武、刚健有为、自强不息、见义勇为、克己复礼等具有中国传统文化特色的精神特质，只是以观念的形态储存于习武者的记忆中，并没有转化为习武者的行为规范。胡塞尔认为："传统的道德教育受

---

① 　康戈武. 中国武术使用大全[M]. 北京：人民体育出版社，1990：188.

② 　冯建军. 当代道德教育的人学论域[M]. 福州：福建教育出版社，2015：151.

'知识中心主义'的影响，成为科学世界的道德教育，与生活世界相脱离。"①
因此，武术礼文化教育必须回归生活，以实现知与行的统一。可以说，武术
礼仪与武术礼义是依附于生活而存在的。在生活中，人们拥有了武术礼文化，
又通过生活展现武术礼文化，武德是来源于真实的生活体验并通过生活加以
确证的实践之知。

三、学校武术文化传承应彰显武术教育的特点

在学校武术教育中正确选择和运用教育方法是有效完成武术教育任务、
实现武术教育目标的重要保障。目前在学校武术教育中常用的教育方法是一
般体育教育所通用的，包括以语言传递信息为主的讲解法、问答法、讨论法；
以直接感知为主的示范法、演示法、保护与帮助法；以身体练习为主的分解
练习法、完整练习法、循环练习法；以比赛活动为主的游戏法、比赛法等。
这些教育方法的产生虽然可以追溯到古代，但是直到当代体育教育出现以后，
体育教育方法才作为一个教育理论的研究对象而被重视和研究。在我国，现
代体育教育的发展主要受到西方体育教育理论的影响。当代武术教育甫一进
入学校即被纳入体育教育的范畴，受到了西方体育教育理念的影响，在教育
方法上照搬西方体育的教育模式。不得不说西方先进的教育理念和思想对武
术的科学化训练起到了积极的推动作用，尤其是在竞技武术方面效果尤为明
显。然而，存在的问题也是显而易见的。武术受中国传统思维方式的影响，
注重直觉与感悟，在其知识体系中存在大量不可言说或难以言说的内容。而
对于这些"可意会而不可言传"的内容，往往是经口传身授，以及学习者不
断地揣摩与体悟的方式实现传承。这个过程并非一般意义上的讲解与示范，
以及纯粹的模仿练习，是强调学习者在实践中寻找感觉、感悟，在行动中感
受、探索，通过身体力行来掌握知识技能。因此，武术文化传承方法的选择
必须彰显武术文化的特点，比如内与外的结合、知与行的统一等。

---

① 冯建军.当代道德教育的人学论域[M].福州：福建教育出版社，2015：151.

武术的内与外、体与用本来应该是事物的一体两面，不可分割，而在西方分科教学的理念影响下，武术教育内容被肢解，套路与格斗、内功与外功、技术与思想等均被割裂。"这种设置符合西方科学'分科之学'的逻辑，已经内化为包括武术课在内的整个学校体育教育在课程内容设置中的'集体无意识'。"[①]这种"集体无意识"导致武术教育的"文化空巢"，徒有形式而缺少内涵。学校武术虽然属于体育教育的范畴，但是我们应该清醒地看到武术与西方体育之间的差异性还是相当明显的。这种差异不仅表现在运动形式上，甚至表现在思维方式上。从武术产生和发展的过程来看，追求攻防格斗的有效性是推动其发展的根本动因；从武术的价值主旨来看，具有形神兼备、知行合一等中国传统文化特点是其存在的价值根本。因此，武术教育不能等同于一般体育项目的教学，在内容设置、教育方法、组织形式、评价标准等方面都应区别对待。学校武术教育应适当采用传统的武术教育方法，如口传身授、自身体悟等，以彰显武术教育的特点。

第二节　学校武术文化传承方式的完善

随着中外文化的不断交融，现代体育的教育观念与方法已经深入渗透于武术教育之中。但是，这并不意味着传统武术与现代体育的差异被抹平。传统武术在漫长的发展历程中形成了自己的体系，符合自身特征的传承与教育方式。学校武术教育是立足于传统的武术教育，并借鉴和吸收现代体育的教育理念和方法以实现其自身目的。对于学校武术教育方法的选择，完全照搬西方体育教育模式并不是明智之举。与现代教育方式相比较，中国传统的教育方式并非一无是处，在某些方面甚至还具有优势。受中国传统思维方式的影响，武术文化以天人合一、内外兼修、体用兼备为指导思想，形成了以武修道、由道统艺的风格特征，在方式上注重直觉与体悟，形成了口传身授、

---

① 刘文武.武术教学与体育项目教学的区别[J].北京体育大学学报，2015（10）：98—102.

自身体悟等特点鲜明的教育方法。

一、有效运用口传身授的方法

口传身授在中国传统技艺的传承过程中始终居于重要地位。它不仅是特定历史时期中国传统技艺传承不可或缺的途径，而且对于现代教育依然可以产生积极作用。

我们对于口传身授的理解决不能停留在讲解、示范的层面。口传虽然有讲解的意思，但是更强调耳提面命式的教育。所讲解的也不仅是动作要领、动作规格等常规的内容，更主要的是讲授拳理法则，达到启发引导的效果。自古习武之人识拳谱者无数，而能有所造诣者寥寥无几。这恐怕除了个人的努力和天分外，离不开名师的指点，正所谓"阅人无数不如名师指路"。"因为从静态的拳谱图形中绝对证悟不到变化莫测、难见端倪的武技奥境。'拳术必须口授，图说虽详，只是供学者参考，不能恃为入手之圭臬也'。"①旧时民间流传一句话："宁传十手，不传一口。"这"一口"所要达到的效果是要使习练者豁然开朗、茅塞顿开。因此，口传的内容应该是此门技艺的精髓，抑或是传授者自身的心得感悟，在方法上是以启发引导为其核心所在。

身授除了指动作示范、拆招、喂招以及纠正错误以外，还包括通过身体的接触使习练者感知劲与力的变化。在武术教育中，身授并非只是口传的补充，而是具有同等重要的地位，甚至身授重于口传。《太极拳谱》讲："往往数千言不能罄其妙，一经现身说法，甚觉容易。"②口传与身授配合运用，以达到事半功倍的教育效果。中国武术作为一种"活态身体文化"③，内容丰富，在传授过程中仅靠语言或文字的描述有时显得"力不从心"。如太极拳讲"以心行气，以气运身"，形意拳讲"心之发动曰意，意之所向为拳"。在具体解释这些内容的时候我们往往会感到"此中有真意，欲辩已忘言"，正如波兰尼所

---

① 周伟良. 简论传统武术的直觉体悟[J]. 中华武术（研究），2012（3）：28—31.
② 沈寿. 太极拳谱[M]. 北京：人民体育出版社，1991：294.
③ 王岗. 中华武术：一个被忽视的活态文化传统[J]. 搏击（武术科学），2007（8）.

说"我们所知道的要比我们所能言传的多"。李仲轩说："尚氏形意的形与意，只能授者亲教，学者意会，如果勉强以文字描述，那么形就是'无形'，意就是'无意'。"[①]这符合《庄子·天道》所讲："语之所贵者意也，意有所随；意之所随者，不可以言传也。"意思是语言所可贵的是在于它表现出的意义，意义自有它指向之处。意义的指向之处是不可以用言语传达的。因此，武术教育中要充分发挥身体的作用，将一些"可意会，而难以言传"的内容，通过身授的方式予以表达。

在中国传统教育中，任何技艺的传承都与修身正己相联系。文以载道，武以观德，武德在武术教育中历来占有重要地位。口传身授不仅是传承技艺，同时也是教育者以高尚的人格影响受教育者的过程。尤其在武德教育中，通过日常生活的身体力行对习武者潜移默化的引导，其效果要远远好于简单的说教。首先，口传身授体现了因材施教的教育思想。孔子曰："可与言，而不与之言，失人；不可与言而与之言，失言。知者不失人，亦不失言。"(《论语·卫灵公》)口传与身授两种方式进行教育，对于可以"与之言"的就用"有言之教"，而"不可与言"的则以"无言之教"。其次，口传身授体现了教学相长的教育思想。孔子说："其身正，不令而行，其身不正，虽令不从。"《论语·子路》记载："不能正其身，如正人何？"这都是强调以身作则、正己正人的身教的重要意义。

二、注重直觉体悟方法的使用

在中国传统思维方式的影响下，直觉体悟是中国人认识世界的基本形式，同样也是武术教育的重要方法。"所谓直觉，就是一种理智的交融，这种交融使人们自己置于对象之内，以便与其独特的、从而与无法表达的东西相符合。"[②]在中国古代，道家讲的"心斋""坐忘"，佛家讲的"般若"，儒家的理学讲的"尽性"等都是对直觉体悟的具体运用。"重视直觉体悟的哲学家认

① 李仲轩，徐皓峰. 逝去的武林[M]. 北京：当代中国出版社，2006：103.
② 张岱年. 中国思维偏向[M]. 北京：中国社会科学出版社，1991：78.

为，人平时的思维受时空限制，只能认识有限的东西；而直觉思维可以一下子把握全体。"①因此，"对武术的理解，不是'只听光说'所能做到的，而是基于读者的身体实践、反复演练、倾心体验——'体悟'来实现的"②。体悟是在实践中寻找感觉、感悟，在行动中感受、探索，强调的是身体力行，尤其是对于习武者而言，只有不断地实践、揣摩才能感悟拳的精妙。

"操千曲而后晓声，观千剑而后识器"，传统武术尽管以直觉思维为特征，但并非可以脱离实践理性。对于习武者而言，习武是一个"循序渐进工夫长，日久自能闻真香"的渐进过程。王宗岳在《太极拳论》中讲："由招熟而渐悟懂劲，由懂劲而阶及神明。"这个过程"要求由熟而悟，然后由悟而通，渐熟渐悟"，最后达到"得意忘象"的自然境界。躬身实践是达到熟能生巧的必要条件，坚持不懈是追求武学真谛的不二法则。武术毕竟是源于格斗的实战经验，又运用于实战。因此，实践在武术中具有重要地位。达到武术的至高境界没有捷径，传统武术习练者坚信"功到自然成"。而何为"功到"？"一日练一日功，一日不练十日空""功夫依苦练，奥妙赖深思"，追求武学的真谛绝不可能通过禅宗式的棒喝顿悟一蹴即成。

"熟能生巧未必巧，要想生巧须用脑"，机械性的重复训练只能使技术娴熟，而其中的奥妙必须用心去体会。"拳打千遍其义自见，拳打万遍身法自然"，这句耳熟能详的拳谚通常被用来告诫习武者要勤学苦练。其实这句拳谚还有另一层含义，即是在重复练习的基础上不断用心揣摩。直觉体悟是一种身心并用的实践方式，它既讲究"熟能生巧"又强调"思而成技"，二者不可偏废。

技艺之道，存乎于心，传统武术强调对内在身体变化的感知，有时是极难用语言描述的，所谓"可意会而不可言传"。因此，在教学中只能通过类比的方式以期让习练者领悟，如太极拳对"听劲"的精确把握，要求"蝇虫不能落，一羽不能加"，八卦掌对重心平稳移动的要求"如平水漂流一物，只

---

① 李金龙.论中西传统体育基本思维方式的特征[M].北京：人民体育出版社，2002：57.
② 戴国斌.体悟：对武术的解释[J].武汉体育学院学报，2001（1）：61—63.

见物行不见水流"等，这些都是通过形象的比喻让习练者在练习过程中揣摩，最终通过自身的体悟以掌握技术。

第三节　由技进道：我国学校武术教育转型发展的出路

一、我国学校武术教育转型发展的需求

回顾中华人民共和国成立以来我国学校武术课程内容发展的历史，不难发现其经历了这样几个阶段：套路教学阶段；套路教学＋散打教学阶段；套路教学＋散打教学＋跆拳道＋其他内容阶段；武术段位制＋其他内容教学阶段。这是仅就学校武术教学内容所作出的划分。除此之外，我们还可以针对学校武术教育的目标、方法、教材、管理、环境条件等方面进行划分。主观上说，我国学校武术教育管理部门对学校武术教育的意义是十分清楚的，因此对学校武术教育的发展给予了高度重视和特别关注，希望能够经由学校武术教育的途径培养出国家竞技武术所需要的人才，培养出社会武术的骨干分子，培养出武术文化的研究者，进而像星火燎原那样使中国武术文化这一具有悠久历史和灿烂文明成果的中国优秀传统文化薪火相传。同时，也投入了大量的人力、财力、物力，研制出了旨在推动我国学校武术教育发展的很多有效可行的政策、措施，批准成立了大量的武术学校，举办了大量的武术比赛、宣传、培训和交流活动。

但是，从客观效果上讲并没有我们想象得那样好。中国武术研究院曾经组织专家对我国学校武术教育的现状进行了专题调研，很多学者也自发地对我国武术教育的现状进行了调研，结果表明：学生更喜欢学习其他体育项目；跆拳道、拳击、空手道等项目相比武术套路教学更受学生欢迎；很少有学生将武术作为课外体育活动的内容；武术套路教学难度大、枯燥乏味、不实用；很多学校担心学生受伤和受其他条件限制没有开设散打等格斗类课程；大多数学生学习武术的动机和目标在于锻炼身体；学生了解武术的渠道大多是小

说、电影、电视等媒体，媒体中的武术与现实中所见到的武术相距甚远；教师很少在武术课堂上对武术文化进行深刻讲解和阐释；缺乏文武双全、德艺双馨的武术大师和榜样。

这样一种现状令我们对中国传统武术文化的继承和发展前景十分担忧！我们不能不思考，究竟是什么原因导致我国的学校武术教育成为今天的这样一种状态？为什么拳击、跆拳道、空手道、合气道等别国的武技或武道就会越来越火呢？武术文化要传承的核心内容到底是什么？今后我国的学校武术教育发展的出路到底在哪里？"穷则变，变则通，通则久。"我国学校武术教育要进一步发展必须进行重大改革和转型，而改革与转型的关键环节在于对发展目标和发展道路的正确选择和精心设计。

二、庖丁解牛故事给予我们的启示：由技进道

道家哲人庄子曾在《庄子·养生主》中讲述了这样一个故事：庖丁替文惠君宰牛，手触，肩挨，脚踩，膝抵，划然有声，进刀割解；嗮啦哗啦，声响有致，悠然而合乎节拍。如《桑林》乐章中的舞步那样轻盈，像《经首》乐章中的音乐那样合律。文惠君惊叹说："啊！妙极了！技术怎么能达到这般的地步？"庖丁放下屠刀回答说："我爱好追求的是道，它已经远远地超过技术了。我开始宰牛的时候看到的只是整头的牛。3年以后，就再也看不见整头的牛了。到了现在，我只用意念去接触牛的身体就可以了，而不必用眼睛去看，就像感觉器官停止活动了而全凭意念在活动。顺着牛身上的自然纹理，劈开筋肉间的间隙，顺着牛的自身结构去用刀，我的刀从不去碰牛筋骨盘结的地方，何况那些大骨头呢？好的屠夫一年换一把刀，他们是用刀去割肉的；普通的屠夫一个月换一把刀，他们的刀是用来砍骨头的。现在我这把刀已经用了19年了，所宰的牛也有几千头了，可是刀口还是像刚从磨刀石上新磨过的一样锋利。因为牛骨节是有间隙的，而刀刃是没有厚度的，以薄如蝉翼的刀刃切入有间隙的骨缝，当然是游刃有余了。所以这把刀用了19年还像新的一样。虽然这样，可是每遇到筋骨盘结的地方，我知道不容易下手，所以就

小心谨慎、聚精会神，手脚缓慢，刀子微微一动，牛一下子就解体了，如同泥土溃散一般，牛还不知道自己已经死了。这时我提刀站立，张望四方，感到心满意得，把刀子擦干净收起来。"文惠君说："好啊！我听了庖丁这一番话，悟出了养生的道理了。"文惠君悟出的养生道理是什么呢？结论就是：依乎天理，因其固然。

庖丁解牛的故事同样也给了我们一些启示：其一，庖丁的工作是宰牛，但是庖丁并没有仅仅把宰牛当作唯一的目标，而是将既要快速宰牛又要保护宰牛刀二者结合在一起的方法和规律当作其追求的工作目标，如果说仅仅考虑宰牛的问题是技术问题的话，那么，宰牛又不伤刀的问题就应该算是道的问题了。用庖丁自己的话说就是："臣之所好者，道也，进乎技矣。"这个问题表明庖丁首先思考问题的方向就与其他屠夫有所不同，可以说庖丁在解牛之初或不久已经将这个问题的答案找到了，即以无厚进有间，就是用锋利的没有厚度的牛刀对有骨缝间隙和筋骨盘结的牛进行宰杀，刀既不朝向牛肉用力更不朝向牛骨头用力，而是朝向肉与骨头和关节之间的缝隙用力；其二，通过3年的宰牛实践，庖丁对牛的身体结构，特别是牛的骨缝间隙和筋骨盘结之处有了清楚的理解，对处理刀与牛的身体结构的关系有了准确到位的把握，即达到了对宰牛护刀之道的把握；其三，思路不同结果迥异。庖丁的牛刀用了19年依然如新的一样锋利，而较好的屠夫一年就需要换一把刀，一般的屠夫一个月就需要换一把刀。我国学校武术教育要想取得发展，改变目前的状况，是否能够从庖丁解牛由技进道的故事中受到启发呢？

三、中国传统技艺教育带给我们的启示：由艺进道

中国传统文化中所说之艺，并非我们现在所理解的狭义的艺术，而是包括所有的技艺在内，也可称作艺事。例如西周的"六艺"教育，即礼、乐、射、御、书、数，就包括了所有的文化内容。道则讲的是哲学层面的一般性质的总的原则和规律。道和艺是相对的，艺是指每一件具体的工作。所有艺事教育所追求的目标都不在艺事本身，而在求道、悟道、体道！例如，对于

音乐教育，即古人所言之狭义的乐教，在《乐记》中表达了音乐教育的根本在于培养人的品德，培养人的德行，而不是单纯培养人的音乐技能。正所谓："德成而上，艺成而下。"《乐记》中又说："君子乐得其道，小人乐得其欲。"进而指出："以道制欲，则乐而不乱；以欲忘道，则惑而不乐。"可见，音乐教育在古人看来绝不仅仅是为了满足人们的生理欲望，而是要通过音乐教育达到君子理想人格的追求。音乐形式固然重要，但如果仅停留在形式上面，停留在外在的东西上，其实也就违背了音乐教育的本质。对此，《乐记》中指出："乐者，非谓黄钟大吕弦歌干扬也。乐之末节也。"黄钟大吕是指音乐的声音；弦歌是唱，干扬是一种舞蹈的道具。这种思想可谓中国传统技艺教育思想的一贯主张。影响深远的大教育家孔子在《论语·阳货》中强调了这样的观点："礼云礼云，玉帛云乎哉？乐云乐云，钟鼓云乎哉？"翻译成白话文即是说："礼难道就是玉帛这些被作为礼品的东西吗？乐难道就是这些钟鼓吗？"可见，对于孔子而言，真正的乐教，是通过这些外在的形式性的东西实现人生最高境界的教育，即对人的教育。推而广之，对于广义之艺，即所有的艺事，都应该是人们陶冶性情的工具。孔子在《论语·述而》中对于艺与道的关系作了明确的表达，即"志于道，据于德，依于仁，游于艺"。意思是说我们应该首先向天道学习，树立一个向天道学习的志向；接着从天道那里得到对每一个事物具体本性的把握，也可以理解为将在具体每一个事物本性获得的感悟中验证对天道的把握。因为德的意思就是得到。道是一个总体的、自然的本性，德则可以理解为我们所了解了的每个具体事物的特性。依于仁，就是要将仁这一为人处事的总原则总规律作为与他人相处、协调各种社会关系的根本依据。游于艺，就是当具备了前面所说的条件之后，最后才能在各种艺事活动中做到游刃有余。道与艺之间的这种关系也得到了后世艺事界人们的广泛认可。例如北宋著名的画论家郭若虚在其《图画见闻志》中就讲道："窃观自古奇迹，多是轩冕才贤，岩穴上士，依仁游艺，探赜钩深，高雅之情，一寄于画。人品既已高矣，气韵不得不高；气韵既已高矣，生动不得不至。所谓神之又神而能精矣。"①由于道是一些比较抽象的规律性的东西，很难被理解，由道入手去把握道就比较困难，这就需要由艺入手。道离不开艺事去表现和表达，艺事被道所统摄。道与艺好比阴阳之间的关系，又好比内容与形式之间的关系，两者不可或缺，也就是所谓"道不远人""大道就在眼前"之意。但现实中人们往往容易重视形式而忽视内容，或者将形式当作内容而忘记了真正的内容所在。有鉴于此，中国的传统艺事教育才特别强调了通过艺事而实现对道的追求，即文以载道，以道统艺。楼宇烈特别强调了中国乐教的这一根本精神，他说："《乐记》把德行放在第一位，把艺事放在第二位。通过艺术，人们来追求一个人生的根本道理。一个最高的境界，就需要由艺来达到道，由艺入道，同时要用道来统摄艺。这应该是中国乐教中一个最根本的精神。"②想想孔子"朝闻道，夕死可矣"的态度，我们就更加清楚中国传统教育对求道的重视了，这里的道并非仅指做人的道理，也包括了做事的道理，应该是指天地人之道。体育被古人列入艺事的范畴，岂能只求技而不求道呢？

四、日本武道改革成功之路给我们的启示：由技进道

我国著名历史学与武术学研究者马明达在为郑旭旭、袁镇澜合著的《从术至道：近现代日本武术发展轨迹》一书作序时指出："在近代东方各国传统体育文化和身体教育的现代化转型之路上，日本的武道体系是成功的，它的经验值得我们重视。"③江户时代（1603—1868）的日本武术，与中国的传统武术极为相似，都是在儒家、佛家、神道思想支配下的一种徒手或器械的格斗搏杀运动。其流派众多，内容复杂，带有浓重的神秘性、家族性、封建性色彩。1868年，日本明治天皇成功地进行了维新运动，摒弃了日本的很多

① 邱丕相. 武术文化传承与教育研究[M]. 北京：高等教育出版社，2011，7.
② 郑旭旭，袁镇澜. 从术至道：近现代日本武术发展轨迹[M]. 厦门：厦门大学出版社，2011，9.
③ 楼宇烈. 中国的品格：楼宇烈讲中国文化[M]. 北京：当代中国出版社，2007，1.

旧有陋制，引进了大量西方科学技术和人文思想。出生在日本外交世家的武术家和教育家嘉纳治五郎借助国家改革良机对当时的日本柔术进行了大刀阔斧的改革，删除了柔术中的一些致人死伤的危险技术，并把西方体育方法与思想融入柔术中，最终在19世纪末创立了具有体育和教育意义的新型日本柔术——柔道。又经过艰苦努力，嘉纳治五郎使柔道以竞技体育的形式成为奥林匹克运动会的竞赛项目。

嘉纳治五郎在当时掀起的具有体育和教育意义的日本武术改革大潮，受到了日本社会的广泛认同与接受。当时日本武术的众多门派纷纷效法，改术为道，逐渐形成了延续至今的日本柔道、剑道、弓道、合气道、空手道、相扑（道）、薙刀（长柄刀术）、铳剑（步枪刺刀术）道与源于我国少林武术的日本少林寺拳法九大武道。日本武道与日本武术的最大区别在于武道排除了致人死伤的危险内容和形式；技术大为精简优化，所有技术都是以实际生活中碰到被人侵犯时的情景为根据进行选择和设计的；以练习和掌握攻防格斗的技术技能为手段；特别注重每位练习者的礼仪与气度；以培养人的人格内涵为理念和目的。如嘉纳治五郎的讲道馆以柔道作为教育之道，将柔道实践中提升出的"精力善用、自他共荣"的哲学理念广泛应用到社会生活中。再如，日本刀法原本相当精细实用，但是改革后的日本剑道所追求的最高价值却在于通过剑的"稽古"从而完成人格的培养。他们将剑道定义为"通过剑的原理方法的修炼，形成高尚人格之道"。剑道修炼的目的是："认真正确练习剑道，磨炼身心培育旺盛的气力；通过剑的特性养成尊崇礼节，重信义、尽真诚；通过常年不懈的修炼，以爱国家、爱社会之心，为全人类的和平与繁荣作贡献。"[1]日本《武道宪章》中明确指出："武道是基于'心技一如'的原则，是'修行礼仪、磨砺技艺、锻炼身体、铸造胆魄'的修业之道。格斗，只是精神修养的一种特别手段。"[2]

日本武术由技进道的改革所带来的变化是：当今武术在日本依然受到充

① 庄周著，仲兆环，刘玉香，等注译. 南华经[M]. 合肥：安徽人民出版社，1994，11.
② 新渡户稻造. 武士道[M]. 张俊彦，译. 北京：商务印书馆，1993，2.

分重视，在民间广为流传，参与者超过千万人，在全世界范围内得到持久性广泛传播。2010年，在北京举办的世界武搏会上一共设立13个项目，其中日本武术就占据6项。越来越多的外国人学习日本武道是冲着学习日本武道所提倡的精神去的，日本武术将一种搏斗的技艺提升到道的层次，使其成为教育青少年和国民的一条有效途径，不失为日本武术最为华丽的转身。面临如何改变我国学校武术教育的发展现状这一问题，日本武道的改革成功之路给予我们的启示应该很多。

五、制约我国学校武术教育发展的根本症结所在：道技分离

追溯中国传统武术的发展历程，有学者将其从宏观上划分为三个阶段：简单实用的阶段（明清以前），拳派林立的阶段（明清时期），体育化和多元化发展的阶段（民国时期到现在）。据研究者考证，明清时期是中国传统武术发展的高峰期。到了此时，中国的传统文化已经全面成熟，中国武术受其影响也出现了大量成熟的武术套路，众多的拳种流派基本定型。按照这样的阶段划分，我们认为明清之际以及明清以前的中国传统武术都可以归为为实用而存在的武术，武术的发展有赖于防身自卫、看家护院、保镖的实际需要，以至于催生出了拳派林立的明清时期武术，是作为生存工具的武术，虽然也特别讲究武德，但正像明朝抗倭将领戚继光所言，武术即是"杀人的勾当"①"贴骨的勾当"②。受中国传统文化重文轻武价值观的影响，武术教育和人才培养并没有受到社会的重视，在封建社会中武术没有走上国家正规教育之途，没有成为培养人的手段，也可以归结为是国情之因吧。

西式学堂制度的兴起，使中国传统武术开始了体育化的演变。但非常遗憾的是体育化的学习和改造不是很成功。虽然在国民政府完成北伐后的一段时间里，中国出现了中央国术馆，出现了国术体育化的端倪，如：1928年张之江在第一次全国教育会议上提交《请令全国学校定国术为体育主课案》，大

---

① 谢和刚. 中国武术段位制与学校体育[M]. 成都：西南财经大学出版社，2005，10.
② 刘彩平. 当代学校武术教育价值刍论[M]. 北京：北京体育大学出版社，2011，5.

会审查同意并送课程标准起草委员会办理；1928年11月1日到7日，中央国术馆在南京举行第一次国术国考；《中央国术馆组织大纲》《省市国术馆组织大纲》《县国术馆组织大纲》《区国术社及村、里国术社组织大纲》公布；1935年在上海举行的第六届全国运动会上，国术开始成为国家正式体育比赛项目。但是用我们今天对体育的理解和认识来看，上述这些将武术体育化的改造，是在没有真正理解西方体育精神的前提下进行的，特别是对竞技体育和奥林匹克运动的深意在于养成良好的人格方面缺少理解，一味从形式上进行学习和模仿，结果走上了武术竞技化和套路表演与比赛的非教育化之路。中国武术体育化的进程和结果就是不断举办各种规模、各种水平、各种范围的武术比赛，将武术比赛的形式理解为武术体育化完成的标志，形成了武术学习和武术锻炼、武术训练皆以武术比赛为目标的格局，武术比赛当然是以获得优异比赛成绩为目标，从此开始了对比赛成绩这一外在功利目标的追求之路，于是距离体育的育人目标追求渐行渐远。

中华人民共和国成立后，武术体育化的发展仍然延续了1949年前武术发展的轨迹和办法。先是于1952年中华全国体育总会正式将武术列为推广项目；1953年在天津举行了全国民族形式体育表演和竞赛大会，武术选手共有154人，武术表演项目多达338项。1956年4月，《中华人民共和国运动竞赛制暂行规定》将武术列为表演项目。1957年，武术被列为国家正式竞赛项目，此后规定每年都举行全国性武术竞赛和表演。1959年3月，国家体委批准颁布实施《武术竞赛规则》。1989年，《散手竞赛规则》公布，并开始举行全国武术散手擂台赛。1997年，国家体委下发《中国武术段位制》。2020年2月7日，在盐湖城举行的国际奥委会第113次会议上，国际武术联合会被准予成为奥委会成员组织。全国政协体育组委员全体签名通过了《关于进一步加强使武术成为奥运会比赛项目工作的几点建议》的提案。2003年，教育部颁布并实施《体育与健康课程标准》，武术内容是以课程目标、领域目标和水平目标来选定。体育院校通用教材《中国武术教程》正式出版。2004年，中宣部和教育部联合下发了《中小学开展弘扬和培育民族精神教育实施纲要》文件，要求"体育课应适当增加中国武术等内容"。这就是中华人民共和国成立以来中国武术体育化发展的政策轨迹。

纵观我国传统武术体育化的发展道路，其特点非常明显，即武术考核竞技化；套路、散打分离化；武术礼仪教育形式化。武术考核竞技化的表现就是将武术技术的好坏和武术比赛成绩的好坏，作为武术学习和武术教育效果的主要评价目标和标准。注重的是武术知识、技术、技能的结果性评价，很少考虑和考核学生在武术学习过程中发生的人格素质的变化，比如情感、态度、意志品质、习惯、兴趣、勇敢、勤奋、礼貌、文明举止、纪律遵守、刻苦、尚武精神等个性心理特征方面的变化。只要武术技术好、比赛成绩好就等于武术学习好，武术教育是成功的。中国奥委会名誉主席、前国家体委副主任何振梁就曾指出："长期以来，我感到中国的中小学体育教育有这样一种倾向，就是强调在青少年身体成长方面的作用多，不大注意体育在素质教育方面的特殊作用。强调体育强身健体的作用和培养学生健身习惯是对的，但这只是体育功能的一部分。体育对于一个人的心理、意志品质的锻炼更为重要。它不仅激发克服困难、超越自我、奋发向上的力量，还有培养团队精神、公平竞争、诚信等道德品行的功能。"[1]我国中小学的体育教育是这样，作为体育教育组成部分的武术教育也不例外。所谓套路和散打分离化，具体表现为首先在认识上没有将两者有机结合为一个整体。在我国传统武术体系中，武术的构成包括功法、套路、散打三个部分，而且功法和套路都是为散打格斗服务的。相比套路和功法，格斗技能才是考量武术教学成败的主要内容。遗憾的是，1949年之后长达40年的时间里，我们所推行的武术教育内容是没有散打格斗的，全国的武术比赛也同样没有。直到1989年，国家才出台了《散手竞赛规则》，开始了散打格斗技能的教学和训练，并逐渐被引入学校武术教育中。另外，散打和套路分离化的表现是虽然增加了散打比赛，但也仅仅是将散打作为一个比赛项目增加了而已，参加套路比赛的运动员根本不参加散

---

① 李印东.武道神艺：中国武术[M].北京：北京教育出版社，2013.

打项目的比赛，参加散打比赛的运动员也同样不参加套路项目的比赛。

所谓武术礼仪教育形式化，就是指没有将武术礼仪教育作为工具而达到育人的最终目标。武术礼文化的功能原本在于教化，宗旨在于育人。所谓教化，《中庸》认为，"天命之谓性，率性之谓道，修道之谓教"。教化就是使人修道的行为和过程。因为人天生就是有缺陷的，不是太过就是不及，很难达到"中"和"率性"的状态，所以有必要进行教化。而教化最有效的手段之一就是通过礼文化的教育改变其不良的思想和行为习惯，形成良好的习惯。审视我们多年来学校武术教育的状况，非常难堪的是学校武术礼文化教育的严重缺失和不足。湖南师范大学硕士研究生程世帅曾经通过调查发现，20位被调查的武术教师中在对待传统武术礼仪的观念和态度上，仅有11位认为应该继承与改革并存；5位认为应该全部废除，认为传统武术礼仪是完全消极的、腐朽的，对于现代武术的传承与发展毫无意义；还有3位认为应该置之不理，应该把重心放在武术技术水平的提升上。调查表明，在被调查的378名同学之中，认为对传统武术礼仪应该继承与改革并存的占到了50%；有29.6%的同学认为应该不予理采；有14.3%的同学认为应该全部废除；有6.1%的同学认为应该全部继承。调查还发现，在武术教学、训练和比赛中，20位武术教师中重视对学生进行武术礼仪教育的老师只有7位。378名学生中仅有17.7%的学生认为武术礼仪非常重要；35.2%的学生认为武术礼仪重要；有31.2%的学生认为武术礼仪的重要性一般；有15.9%的学生认为武术礼仪不重要。[1]上述调查发现的情况在其他学校和武术馆校并不少见，从我们平常的观察中也可以得到印证。更值得思考的情况是我国超过70%的中小学校没有开设武术课！[2]皮之不存，毛将焉附！武术教育都没有开展，还何谈武术礼文化教育呢？与跆拳道教育过程与结果相比较之后就会发现，跆拳道教育的过程非常重视：学员学会并严格遵守礼仪，懂得并做到尊重对手、尊重长者；礼仪内容比较具体化、

① 李金龙，宿继光.我国学校武术教育的目标思考[J].搏击（武术科学），2012（6）：1—2.
② 程世帅.论中国武术礼仪文化的缺失与回归[D].湖南师范大学硕士学位论文，2012（5）：25—26.

可操作；礼仪教育的要求不仅在跆拳道的教学、训练、比赛时严格执行，而且还将思想和礼仪形式的要求推延到了日常的学习、生活和工作的行为方式之中，延伸到了家庭、学校和社会的方方面面。这样，就使家庭、学校和社会都见证了一个练习跆拳道之人的变化和全面发展结果，实现了教化的目的。通过学习跆拳道，练习者举手投足间就会不经意地展示其健康懂礼、刚健有为、奋发进取的精神感召力，而这些正是我国武术礼文化教育与之的差距。

六、我国学校武术教育转型发展的出路：由技进道

综上所述，通过研究庖丁解牛的故事，研究我国传统技艺教育，研究日本武道改革发展的特征，认真审视我国武术近现代以来的发展历程和学校武术教育的历史演变过程，可以发现：我国学校武术教育转型发展的出路在于由技进道，道技分离是制约我国学校武术教育的根本症结所在。由技进道就是要真正实现武术教育的育人目标和武术的体育化。具体而言应该从以下几个方面入手：第一，将武术教育的育人目标与考核指标密切结合。牢牢把握我国武术教育的育人目标，制定相应具体可行的考核指标，做到考核指标充分体现育人目标的要求。弱化武术比赛在考核中的地位，弱化武术技术技能在考核中的地位，但却特别应该注意不能弱化武术技术技能的教学，因为武术育人目标包括使学生掌握武术的技术技能之道，这是庖丁解牛的故事告诉我们的道理。第二，将过程考核与结果考核密切结合。以往我们过多地关注了对学生武术知识、技术、技能学习结果的考核，没有对学生在武术学习过程中发生的变化进行有效的跟踪和考核，考核的形式也比较简单。而要对学生的教养和发展情况作出准确的考核与评价，没有对学生学习过程和平时表现的深入了解是很难做到的。这就要求我们不能对复杂的考核评价问题进行简单化的处理。第三，将套路与散打教学密切结合。套路、功法、散打本是武术不可分割的有机组成部分，套路与功法的练习要服务于散打的需要。因此，一定要突出武术作为攻防格斗技能的这一基本特征，将武术与其他体育运动项目区别开来。第四，将散打的安全性与实用性密切结合。武术的独特

魅力就在于它能够提供独特的对抗性练习环境,使学生养成勇敢、果断、尚武之品性;掌握克敌制胜、以武止暴的格斗技能。但是格斗本身是充满风险的活动,否则也就无法去锻炼学生的勇敢精神和格斗技能,因为勇敢的本意就是在知道有风险的情况下而去挑战风险、战胜困难的精神,格斗技能也只有在格斗环境中才能培养,除此之外别无他途。要培养格斗技能又要保证安全,解决这一矛盾的办法只有一条路,那就是向作为体育项目的世界范围的格斗项目学习和借鉴。比如向拳击、跆拳道、空手道、摔跤、柔道等学习,制定细致的科学可行的练习和比赛规则,把安全隐患降至极限,确保安全。那么,散打练习就一定会因其自身的独特性而受喜欢,进而得以被学习和推广。第五,将武术礼仪形式与感恩尊重教育密切结合。跆拳道和日本的空手道、合气道等之所以能够受到世界其他国家人们的青睐,一个重要的原因是它们都非常重视礼的教育而并非简单礼仪形式的学习。韩国和日本的武道都非常重视习练者礼习惯的养成,如跆拳道和合气道都强调"以礼始,以礼终",要求学生懂得无论练习道场,还是同伴、老师,都是自己格斗技能提高的原因和条件,都是应该感谢和尊重的对象。规定了出入道场的礼节、摆放器械的礼节、穿戴护具的礼节、开始时的礼节、对抗中的礼节、对抗结束时的礼节、同伴之间的礼节、师生之间的礼节,就是要让学生通过不断地重复这些礼节而对心理产生刺激和影响,从思想上和行为上形成习惯。相比之下,我们的武术礼仪文化教育还有许多需要改进的地方。

第五章　学校武术教师应该是武术教育家

第一节　学校武术教师的现状

学校武术文化传承在实践过程中能否实现培养具有武术素养的人，能否处理好武术知识技能、行为习惯和道德修养三者之间的关系，能否灵活运用凸显武术特征的教育方法，最终还要取决于学校武术教育工作的主导者——教师。教师是学校武术教育工作的主要承担者。武术教师的专业素养与教育水平决定着学校武术教育工作的成效。教学任务的完成、教学目标的实现均离不开教师。拥有一支高素质的武术教师队伍是学校武术文化传承顺利开展的基础和关键。然而，目前我国学校武术师资队伍的现状却不容乐观，不仅教师数量不足，而且水平参差不齐。这一现状是多方面因素造成的，有教育机制滞后的问题，长期忽视武术师资的培养；有市场经济的负面影响，武术教师流失现象严重；还有武术教师的继续教育以及人才补充的渠道不畅等。总之，学校武术教育所面临的师资问题已经非常棘手，应该尽快解决。

一、教师数量严重不足

学校武术师资匮乏已经成为困扰学校开展武术教育的一个重要问题，加强武术师资队伍的建设已经刻不容缓。据《关于学校武术教育改革和发展的研究》课题组的调查结果显示："目前，我国中小学武术教师的配备严重不足，很多学校没有专任武术教师……各地区中小学武术课主要由一般体育教师担任，所占比例达到70.8%，而武术专业教师只占到29.2%。"①从调查结果中我们还可以发现，不同地区武术专业教师所占比例不平衡。从全国范围来看，省会城市武术专业教师比例高于县级学校，县级学校武术专业教师仅占到20.1%。就局部范围而言，华北地区的北京和内蒙古武术专业教师的占比分别达到29.5%和29.9%，而天津仅达到8.4%。②武术课堂教学任务尚且需要一般体育教师完成，那么课外武术教育又从何谈起呢？显然，教师数量不足已经成为制约中小学武术教育发展的重要因素。

中小学武术教师匮乏，高等院校的情况如何呢？据刘朝霞对北京市普通高校武术教师队伍现状调查，结果同样不容乐观，"各高校武术教师人数所占体育教研室总人数的比例都很低……北京地质大学及北京林业大学只有一名武术教师"③。另据武英满对北京非体育类专业高校调查，"各高校基本能保证配备一名武术专业出身的教师，但是从全校的武术教学任务来看，远远达不到需求，武术必修课很多是非武术专业出身的教师承担，以弥补武术教师短缺问题"④。首都高校尚且如此，其他地区高校的情况未必更好。有专家指出："造成学校武术开课率低的首要原因就是缺少武术专长教师。"⑤

---

① 国家体育总局武术研究院. 我国中小学武术教育改革与发展的研究[M]. 北京：高等教育出版社，2008：9—10.

② 国家体育总局武术研究院. 我国中小学武术教育改革与发展的研究[M]. 北京：高等教育出版社，2008：32.

③ 刘朝霞. 北京市普通高校武术教师的现状分析及发展对策研究[J]. 北京体育大学学报，2006（10）：1411—1415.

④ 武英满. 关于北京非体育类高校武术课程现状及改革研究[J]. 中国劳动关系学院学报，2015（3）：110—112.

⑤ 蔡宝忠. 学校武术教育的现状："有米难为无巧妇之炊"[J]. 中国学校体育，2007（5）：26—29.

二、专业素养急需提高

学校武术教师除了存在数量不足的问题外，专业素养也有待提高。同样还是据《关于学校武术教育改革和发展的研究》课题组的调查，在"所调查的体育教师中，在大学期间专修过武术的仅占15.9%……有43.9%的体育教师对武术教学感兴趣；34.2%和59.1%的体育教师能够完全或基本按照图解自学武术，并通过讲解、示范教会学生武术；32.4%和57.7%的体育教师认为很有必要或有必要定期进行武术培训"[1]。赖锦松对广东省武术师资的学员结构调查显示："51.6%是体育院校和师范院校武术专业毕业；48.4%是非武术专业体育教师和其他类型。其中其他类型包括：外聘教师、其他文化课教师等，其中小学武术专业教师严重缺乏……小学仅9.6%是武术专业毕业；另一方面武术专业毕业的教师半路出家习武的占62.5%，也因此看出武术教师的整体专业素养不高。"[2]

两组调查结果均反映出目前我国学校武术教师的专业素养有待提高。由于许多教师无法胜任武术教学工作，从而教学方法单一、教学内容脱节，不仅难以实现既定教学目标，而且很容易挫伤学生的学习积极性。尤其在新的《体育与健康课程标准》颁布以后，以及《武术段位制》进校园、"一校一拳"等一系列武术教育改革的实施，对武术教师提出了更高的要求。而现实的情况是："师资的专业素质不是与时俱进，而是不断退化，师资水平的提升与保持缺乏一种良性的氛围与机制，亟待改革。"[3]有中小学校长甚至明确表示可以取消武术课。其原因就是"缺少具备武术专长的教师，教学流于形式，教学

---

[1]　国家体育总局武术研究院. 我国中小学武术教育改革与发展的研究[M]. 北京：高等教育出版社，2008：9—10.

[2]　赖锦松，余卫平. 大武术观指导下学校武术师资的培养路径探析：以广东省为例[J]. 体育研究与教育，2014（5）：91—94.

[3]　王晓晨，赵光圣，张峰. 回归原点的反思：中小学武术教育务实推进研究[J]. 天津体育学院学报，2014（3）：197—202.

效果不理想"①。正如蔡宝忠所言：学校武术教育的现状是"有米难为无巧妇之炊"。② 博大精深的传统武术，丰富的教育资源，却缺少"能工巧匠"的开发运用。

培养具有武术素养的人离不开术道兼备的武术师资。"师者，所以传道授业解惑也。"武术学习不仅仅是对武术攻防格斗技术动作的学习，更重要的是对武术文化所蕴含的哲理、伦理、拳理、尚武精神等形而上之道的学习。"道之所存，师之所存。"遗憾的是，无论是武术师资的数量还是质量目前在我国都处于匮乏状态，武术教育的目标、内容、方法、考核、评价、教材建设、科学研究等环节都存在需要改革完善的地方，这正是我国武术教育迫切需要解决的重大问题之一。我们期盼尽早解决武术教师的数量与质量问题，由术入道，还武术教育本来面目。

第二节　加强学校武术师资队伍建设

对于学校武术师资严重不足的问题并非没有解决的途径和办法，而是缺少相关的制度保障以及有效的落实。积极开展在职武术师资培训、合理引进武术专业优秀毕业生、与社会武术团体进行合作等都是有效补充武术教师的措施与办法。

一、积极开展在职武术师资培训

赖锦松等对广东省武术师资培训的调查结果显示："仅有30.1%的教师参加过对外专业培训，而定期参加专业培训的仅有2.7%，但教师们也普遍认为

① 董新伟，王智慧. 体育全球化背景下学校武术发展的影响因素与应对策略[J]. 体育与科学，2010（2）：90—93.
② 蔡宝忠. 学校武术教育的现状："有米难为无巧妇之炊"[J]. 中国学校体育，2007（5）：26—29.

自身素质完全能胜任当前的武术教学需要。"[①]在这个知识大爆炸的时代，知识更新的速度不断加快。俗话说："要想给学生一滴水，教师就要有一桶水。"然而，现实的情况是教师的这"一桶水"已经远远不够用了，而是应该"长流水"。这就需要教师不断地进行学习，提升专业素养与教育水平。对于在职教师而言，除了提升自身学历以外，最有效的办法就是进行在职培训。

体育部门长期进行教练员、裁判员以及社会体育指导员的培训及等级考试，而对于武术教师的知识技能培训却几乎是空白。教练员、裁判员的培训主要是为竞技武术服务，而社会体育指导员主要是针对群众武术活动。因此，寄希望于体育或教育部门积极开展针对武术教师的在职培训，以不断提升和强化武术教师的专业素养和教育能力。近年来，国家武术运动管理中心举办的全国武术专业博士技术高级研修班非常具有推广价值。该研修班依托于北京体育大学、上海体育学院等优质教育资源，已成功举办3届，培训对象为武术专业获得博士学位的人员。参加研修班的学员由于已经获得博士学位，在理论方面具有一定的造诣，目前大多从事一线的武术教学、研究工作，面对这一群体进行技术培养犹如雪中送炭，使其更好地将理论与实践相结合。像这样对于特定人群的精准培养非常具有借鉴意义，应该逐步形成不同层次、不同群体的系统培训体系。在培训内容上根据培训对象区别对待，有所侧重，如针对高等院校的武术师资应注重最新的武术研究成果、武术发展前沿的培训、地域武术与特色拳种的培训；对于中小学武术教师应注重武术教育理念与方法、武术文化与武术礼仪、课外武术活动组织的培训。此外，学校对于本单位教师的在职培训应持积极、鼓励的态度，给予时间和经费保障。

二、合理引进武术专业优秀毕业生

当前在学校武术教育中存在一个奇怪的现象，一方面学校武术教育师资严重短缺，而另一方面是高等院校武术专业的毕业生就业困难。形成这一困

---

① 赖锦松，余卫平. 大武术观指导下学校武术师资的培养路径探析：以广东省为例[J]. 体育研究与教育，2014（5）：91—94.

境的原因有相关制度的不完善，如各类学校不考虑专业的特殊性而一味追求高学历，提高了入职门槛；也有高等院校存在武术专业建设及人才培养方面的问题，如学生专业技能单一、教学能力不足等。

目前，我国武术师资培养的主要途径是通过高等院校体育教育和武术与民族传统体育两个专业来实现的。这两个专业各有特点，体育教育专业所培养的学生要求在全面发展的基础有所专长，能够胜任学校体育教育、管理、训练等工作，一般进行为期两年的武术专修学习。武术与民族传统体育专业的学生通常在入学前即为二级及以上运动员，虽然具有较高的专业技能，但是也存在着文化素养普遍不高的问题。这两个专业人才培养质量的提升将为学校武术师资提供人才保障。同时应该适当调整学校武术教师准入门槛，将专业技能突出且综合素养高的优秀人才引入教师队伍。

三、与社会武术团体进行合作

长期以来，武术在学校的发展虽然形势不容乐观，但是在民间却有着广阔的市场和大量习练者。学校武术教育完全可以利用民间武术这一宝贵资源。近年来，各级政府一方面重视传统文化的保护与挖掘，另一方面支持民间社团开展群众性体育文化活动。在此背景下，各类武术社团快速发展。有的突出地域特色，有的突出拳种特点，经常性地组织培训、比赛及各类研讨会。这些社会武术团体大量分担了武术管理部门的群众性武术活动，成为社会武术活动的主要力量。同时社会武术团体人才济济，不乏著名武术家的参与。以山西省为例，山西省有三个省一级武术社会团体，其中除山西省武术协会外，另有山西省形意拳协会、山西省杨氏太极拳协会。山西省形意拳协会成立于1981年，前身为山西省形意拳研究会，是由我国著名武术家、中华武林百杰张希贵发起成立的。该协会至今已举办国际、国内大型武术比赛30余次，每年均举办多次各类武术培训，并且积极开展地方拳种的挖掘与整理工作。山西省杨氏太极拳协会是杨氏太极拳创始人杨露禅的第四代孙杨振铎于1982年发起成立的。该协会长期开展杨氏太极拳的推广与普及工作，至今会员已达数万之众，并且积极向海外推广。学校武术教育完全有必要与社会武术团体合作以弥补师资等各方面的不足之处。

学校武术教育可以采用多种渠道与社会武术团体进行合作。一种方式是聘请社会武术团体中知名武术家直接参与学校武术的教学活动；另一种方式是聘请武术家担任校外武术辅导员，配合学校开展各种形式的课外武术活动。这是易于操作的两种方法，但是需要相关政策的保障与管理部门的支持。此外，结合当前国务院大力推动体育产业、促进体育消费的相关政策，学校可以以购买体育公共服务的方式与社会武术团体合作。有条件的将学校武术教育委托于有实力的社会武术团体实施，既可以弥补学校武术教育资源的不足，同时也可以促进武术产业的发展。

第三节　武术教师应该努力成为武术教育家

一、武术教师不是专业武术工作者而应是武术教育工作者

武术教师是学校武术文化传承的主要承担者，一方面应具备良好的专业技能，另一方面要有高深的知识。一名优秀的武术教师不仅应该是一名武术家，还应该是一名教育家，对于中小学武术教师而言，甚至可以说做武术教育家比做武术家更重要。因此，衡量一名武术教师是否称职，不仅要看其专业技能的水平高低，更要看其是否具备一名教师所应具备的素质。

学校武术教育工作有其自身的特点和规律，应该区别于社会武术工作或竞技武术。因此，学校武术教师不是专业武术工作者而是武术教育工作者。二者在工作内容上有重合之处，甚至是相通之处，比如都有对武术事业的热爱，积极投身于武术实践，表现出习武者良好的行为习惯等。但即便如此，二者的区别还是非常明显的。从工作的目的性来说，专业武术工作者是以武术的发展为己任，通过组织培训、比赛、表演等活动推广和普及武术，通过专业武术训练以提高武术竞技水平。而武术教师是以人才培养为己任，通过

武术教育等实践活动以培养具有武术素养的人。从具备的知识结构来说，专业武术工作者具备与专业相关的理论知识即可，而武术教师不仅要具备专业的理论知识，还要掌握教育学、心理学等教育学科领域的知识。从应具备的工作态度来说，专业武术工作者应该热爱武术事业，而武术教师只热爱武术是远远不够的，还要热爱教育、热爱学生。比较二者不难发现，一名武术教师要比一名专业武术工作者需要具备更高的素养。因此，我们甚至可以说，哪怕是再优秀的专业武术工作者也不一定能成为一名称职的武术教师，尤其是中小学武术教师。专业武术工作者可能具有较高的专业技能，在面对裁判员的评判和观众的欢呼时，比面对学生更有激情。而作为武术教育工作者要擅长专业理论知识，面对孩子们要充满爱心，并且要有耐心。

衡量武术教师是否称职，在考察其专业技能高低的同时，更看他是否能够有效地将武术知识技能传递给学生，使学生具有良好的武术行为习惯，成为具有武术素养的人。然而，现实的情况是，长期以来我国在体育领域有"练而优则教"的传统，许多优秀运动员退役以后走上教育工作岗位。优秀的专业武术工作者加入武术教师队伍应该是予以鼓励的。但是，我们不能因为其具有较强的专业技能就认为一定叮以胜任教帅岗位，应该重视其教育水平和职业道德的培养，加强教育理论与技能的培训，以期尽快胜任学校武术教育工作。作为一名合格的武术教师，首先是武术礼仪与武术礼义的实践者，具有较高的道德水准；同时具有一定的专业素养，以及有效的教育方法。

二、学校武术教师应是具有较高专业素养和教育艺术的武术教育工作者

目前，我国学校武术师资的后备人才培养主要依赖于高等院校的体育教育专业和武术与民族传统体育专业。从培养目标来看，体育教育专业培养"具备现代教育与体育教育学科基础理论知识，能在各级各类学校从事体育教学、课外运动训练与竞赛工作、体育科学研究、学校体育管理等方面工作的复合型人才"；武术与民族传统体育专业培养"具备武术与民族传统体育的基

本知识、技术与技能，能在学校体育教育、运动训练、社会体育健康指导等领域从事武术、体育养生及民族民间体育教学、训练、科研等方面工作的复合型应用人才"。[①]从课程设置方面看，虽然各个学校有所侧重，但核心课程基本一致。体育教育专业的核心课程是体育学概论、教育学、学校体育学概论、体育教学论、教育心理学、运动项目理论与实践（武术）；武术与民族传统体育专业的核心课程是武术学概论、民族传统体育概论、中国武术史、中国文化概论、中医学基础、专项理论与实践。[②]需要注意的一个问题是，在实际教学过程中，对于专业技能培养的重视程度远远高于教学能力的培养。在教学内容上以竞技武术为主，将教学与训练相混淆。这个问题在武术与民族传统体育专业的教学中表现尤为突出，甚至采用专业运动员的训练方法进行教学，并且往往误以为这是对专业教育的严要求和高标准。

　　无论是体育教育专业，还是武术与民族传统体育专业，对于武术教师的培养应该区别于培养专业武术工作者。培养武术教育工作者是一个系统的工作，在课程设置上应该充分考虑教育学、心理学等课程。但是，切不可认为在专业课程的基础上增加两三门教育学类课程就能培养出优秀的武术教师。教育学、心理学是两门重要的基础课程，它们讨论的是教育和心理的共性问题，是作为一般教师必须掌握的。我们应该看到武术教育的特殊性，在教育理念与教育方法上要凸显武术教育的特点，不能完全照搬一般教育理论与方法，尤其是现代体育的教学方法与手段。同时，对于武术师资的培养也应该像普通学校武术教育那样，包括三个层面：器物层面的知识技能、制度层面的行为习惯、精神层面的道德修养。另外，要使武术教育工作者具备武术素养，通过掌握武术的知识技能，养成良好的行为习惯，形成高尚的道德情操。因此，各高等院校培养武术师资的相关专业应该重新审视培养目标，进一步

---

① 中华人民共和国教育部高等教育司. 普通高等学校本科专业目录和专业介绍[M]. 北京：高等教育出版社，2012：82—85.

② 中华人民共和国教育部高等教育司. 普通高等学校本科专业目录和专业介绍[M]. 北京：高等教育出版社，2012：82—85.

深化课程改革，以培养出既具有专业素养又掌握教育艺术的武术教育工作者。

接下来我们再来讨论一下武术教师专与能的问题。当前在人才培养目标上，许多专业都提出了一专多能或多能一专培养目标。在这里我们不去探讨两种用词的区别与内涵，而只针对武术教师所应具备的专与能进行讨论。通常我们所理解的专即为专长，或一技之长，评价标准是达到专业水平。有人认为武术教师的专是散打或套路。这种观点是值得商榷的，具体原因前文已经进行了阐释，这里就不再赘述。我们认为，武术教师的专可以是形意拳，也可以是太极拳，或者是八卦掌，总之应该是一门拳种。这个专是否一定要达到专业水平呢？如果武术教师的专业技术能够达到专业水平当然再好不过，但是没有达到专业水平也无伤大雅。我们要清楚，培养武术教师与培养专业武术工作者或武术运动员是不同的。在学校武术教育中，尤其是中小学武术教育中，我们并不是培养专业武术人才，而是要向学生普及基本的武术知识技能，培养学生的武术素养。对于中小学武术教师，重要的不是有没有一专的问题，而是能不能专心的问题。武术教师必须专心于武术教育，把职业当事业去做，创造性地开展教育工作，才有可能培养出优秀的人才。

一般认为能与专的差别仅仅是掌握的程度不同。比如说，有人以太极拳为一专，那么多能就是形意拳、少林拳也基本掌握。但是，我们认为对于武术教师的能，除了掌握一专以外的多个拳种，更主要的是对所掌握的拳种能打、能练、能教，最关键的是能教。而能教并非容易的事情，需要武术教师掌握相关的教育理论与方法，又要结合武术教育的特点。如针对不同的内容选择不同的教学方法，针对不同的学生运用不同的教育手段等。以直觉思维为特点的武术教育，往往身教重于言教，需要通过教师的身体力行以引导学生揣摩体悟。这就对武术教师提出了更高的要求，除了具有较高的专业技能外，还要有一定的人格魅力。否则又如何去影响学生呢？因此，学校武术文化的传播者应该是具有专业素养和教育艺术的武术教育家。

第四节　武术教师之规范——慎、亲、严

中共中央办公厅、国务院办公厅于2017年1月25日印发了《关于实施中华优秀传统文化传承发展工程的意见》，其中明确指出："实施中华优秀传统文化传承发展工程，是建设社会主义文化强国的重大战略任务，对于传承中华文脉、全面提升人民群众文化素养、维护国家文化安全、增强国家文化软实力、推进国家治理体系和治理能力现代化，具有重要意义"，并要求"推动民族传统体育项目的整理研究和保护传承"①。实施中华优秀传统文化传承，传承民族传统体育，就必然涉及中国传统武术文化的传承。"师徒传承是至今为止传统武术生命存在的基本方式。"②武谚中有"苦练三年，不如名师一点"等对师傅的价值判断，荀子更是将师提到国家兴衰的高度来认识，他在《荀子·大略》中提道："国将兴，必贵师而重傅……国将衰，必贱师而轻傅。"这些历史经验的总结向人们揭示出一个深刻的道理：良师既是徒弟成才的关键因素，也是传统武术文化得以传承与发展的必要条件。

师之规范是保证师徒传承稳定与健康发展的重要条件之一，但以往在师徒规范的研究领域中多关注于对"徒之规范"的研究，或多集中于对一般习武者的武德和武技要求的研究，缺乏专门针对"师之规范"的全面而准确的研究。因此，借助交往型师生关系理论并结合传统武术文化传承中拜师择徒的特殊性，将师之规范分为择徒之规范、待徒之规范以及授徒之规范，运用文献资料法、逻辑分析法，结合当代社会"实施中华优秀传统文化传承发展

---

① 中共中央办公厅、国务院办公厅. 关于实施中华优秀传统文化传承发展工程的意见[N]. 人民日报，2017-1-26.

② 周伟良，师徒论：传统武术的一个文化现象诠释[J]. 北京体育大学学报，2004（5）：587.

工程"的需求，针对传统武术文化传承中师之规范的具体内容是什么、应扬弃什么和创新性转化什么等问题进行比较全面的研究。

一、慎：择徒之规范及其传承价值审视

慎的本义是指慎重、小心，是传统技艺传承中师傅择徒时的规范。传统武术文化传承中的师之慎同样表现在择徒方面。《国技概论·国术理论概要》中有："慎择门徒，非朴厚忠义之士不可妄传。"①其中，慎择门徒是对师傅择徒之规范的具体表现。《苌氏武技全书》中记载："凡传道者，必须择人，始免逢蒙之患，羿所以有罪也，有罪则人不端。"②其中，必须择人中的必须是慎的另外一种表达，进一步强调了慎择门徒的必要性。"羿所以有罪也"说明如果师傅没有谨慎地择人，即使遭遇徒弟如逢蒙一般的射杀，作为受害者师傅本人也将被认为是由于自己的失职所造成的后果。因此，在传统武术文化传承中，慎作为师傅择徒之规范，既有正面的要求，又有侧面对师傅择徒不慎的告诫。

慎作为传统武术文化传承中师傅择徒的规范，相较于其他行业中师傅择徒之慎可谓慎之又慎。《查拳·醉八仙拳谱·武艺精华》中记载："武人与文人异，文人授徒，类皆悉心指导，不留余地；武人则不然，其以拳术授徒者，确亦根据《易筋经》或少林派等拳术依次相授，惟耳提面命之时，多不肯以独得之杀手诀举以示人，尽恐所授之徒或有逢蒙之心者，则无法以制之也。"③传统武术中的师傅在择徒时应慎之又慎，这是因为传统武术的传授内容不同于其他技艺，技击性作为其传授的主要内容，且直接作用于师徒双方的身体，若所传非人，后果不堪设想。因此，传统武术中的师傅不仅有"教会徒弟，饿死师傅"的顾虑，更恐"教会徒弟，杀死师傅"。如此而来，师傅在择徒时就慎之又慎。

① 卞人杰.国技概论·国术理论概要[M].太原：山西科学技术出版社，2011：31，157.
② 徐震.苌氏武技全书[M].太原：山西科学技术出版社，2006：66.
③ 吴志青，金铁盦.查拳·醉八仙拳谱·武艺精华[M].太原：山西科学技术出版社，2012：1.

在传统武术文化传承中，师傅慎之又慎的择徒之规范具体表现在两方面：

其一，慎之又慎体现于师傅择徒时对徒弟的时间考察，俗语中有"徒访师三年，师访徒十年"的择徒要求，意思是师傅在择徒时要进行为期十年的考察，十年虽是一个概数，却也反映出师傅在择徒时并非一蹴而就，而是需经过时间的考验。

其二，慎之又慎体现于师傅择徒时对徒弟的条件要求，师傅对徒弟在道德水平、资质等方面均有一定的条件要求。《少林拳术秘诀》中道："师之授徒，须先考察其人之性情、志气、品格，经三月之久，始定其收留与否，盖以师择人最严。"[①]可见，师傅择徒时应对徒弟的性情、志气、品格等方面进行为期"三月之久"的考察，任意一方面不合格者均不可收留。"择人最严"即是说择徒是师傅最为严肃、认真的事情，"最"进一步强调师傅在择徒时需格外慎重、小心。可见，传统武术中的师傅在择徒时颇为谨慎，既有纵向的时间考察，又有横向的条件要求，纵横相交共同成为师傅择徒之规范的具体要求。

传统武术文化传承中的师傅之所以需要慎之又慎的择徒之规范，是因为有"教会徒弟，杀死师傅"的顾虑。就传统武术本身而言，一方面，技击性作为传统武术的本质属性易伤人，若因师傅对徒弟在横向的道德条件考察时未经纵向的时间考察，即没有做到慎之又慎的择徒之规范，这些德行不佳的徒弟依然会对社会安全构成潜在威胁；另一方面，资质作为师傅择徒之慎的另一部分内容，若因师傅对徒弟在横向的资质条件考察时未经纵向的时间考察，也是没有做到慎之又慎的择徒之规范，在授徒时极有可能造成事倍功半，甚至"事倍倍功半半"的后果，同时也会制约本门武术的传承与发展。可见，传统社会中师傅的顾虑依然是今天社会中师傅的顾虑之一，从此点看来，慎之又慎的择徒之规范应该被继承。

就徒弟一方而言，现今社会上存有一些"拜师不学艺"的徒弟，他们拜得名师之后，打着师傅的旗号做一些违背武林道义之事。武谚中提到"徒弟

---

① 周伟良．师徒论：传统武术的一个文化现象诠释[J]. 北京体育大学学报，2004（5）：584.

有的是师傅的，师傅有的是徒弟的"。可见，师徒双方的利益息息相关，一荣俱荣、一损俱损。当徒弟一方受到武林中人的负面评价时，师傅同样会受到牵连，甚至会由于徒弟的不义之举，导致师傅多年维系的名誉毁于一旦，晚节不保。因此，这种社会现象倒逼着师傅需要回归传统，继承"慎之又慎"的择徒之规范。

就师傅一方而言，在当下商业主义盛行的时代，我们不能否认传统武术中，许多师傅依然忠诚于内心，不被名利所诱惑，在择徒时仍然遵循慎之又慎的规范。但是，还有一部分师傅则抱着追名逐利的心态择徒。这部分师傅认为，当自己拥有数量较多的徒弟时，自己的名气就大了，有了名气之后利益也就有了。于是，他们每天跟在许多习武者身后，乞求这些习武者可以拜自己为师。这些师傅的择徒方式必然违背了慎之又慎中纵向的时间以及横向的德行、资质等方面的考察原则，即使在择徒过程中果真择到资质尚可的虔诚徒弟，也实属误人子弟。所以，今天的社会需要继承慎之又慎的择徒之规范，这既是对虔诚徒弟负责，也有利于传统武术整体的健康发展。

此外，师傅在择徒时纵向与横向的考察方式仅仅是慎之又慎在中观层面的规范，传统社会中还流传有许多微观层面的具体规范。如一些师傅通过回帖的时间谨慎择徒。回帖是师傅在接收徒弟的拜师贴之后给徒弟回复的帖子，"即同意接纳某人为徒的帖子"[1]。在一些具有回帖习俗的拳种门派中，有一部分师傅要等到徒弟多年武技学成时才将回帖交于徒弟手中，此时的师傅才算是完成择徒，真正建立名副其实的师徒关系。可见，当慎之又慎作为师傅的择徒之规范时，并非局限于拜师礼之前，而是贯穿于师徒交往始终。这些师傅对于回帖的慎重合乎慎之又慎的择徒之规范，这种做法至今仍有许多师傅坚守，这对于我们鉴别那些对名利顶礼膜拜、卑躬屈膝的师傅而言无疑是一种有效的参考。

因此，尽管慎之又慎的择徒之规范存在于传统社会中的因由与现代社会

---

[1] 周伟良，师徒论：传统武术的一个文化现象诠释[J]. 北京体育大学学报，2004（5）：585.

的略有不同，但是，于今天社会的需要而言，该规范仍然值得被继承并发展。

二、亲：待徒之规范及其传承价值审视

亲的本义是感情深厚，关系密切，如亲近、亲爱等。亲可以指代一切感情深厚的关系。在传统武术文化传承中，亲指代感情深厚的师徒关系。《三字经》中有"三纲者，君臣义，父子亲，夫妇顺"，其中"父子亲"对应在传统武术"师徒如父子"的师徒关系中应为师徒亲。从师之规范的角度看，亲是传统武术文化传承中师傅的待徒之规范。

传统社会中，亲作为师傅待徒之规范有一个前提条件，即徒弟应遵守传统社会中的礼。据《礼记·曲礼》中记载，"宦学事师，非礼不亲"。费孝通认为："礼是社会公认合式的行为规范。"[1]从师之规范的角度看，这句话可理解为"徒弟若没有遵守传统社会中公认合式的行为规范，师傅就难以做到待徒之亲"。非礼即不合式的行为。礼与法不相同，"礼不需要这有形的权力机构来维持"，同时也没有明文条款对徒弟的礼进行规定。也就是说，在传统武术文化传承中，一名守规矩的徒弟所守的规矩是整个武林约定俗成的，无须签字画押。尽管这些礼没有任何法律效力，也没有形成条款规定，但如果徒弟违背了，师傅就无法做到待徒之亲，久而久之，非礼的徒弟甚至会被逐出师门。因此，徒弟守礼是师傅待徒亲的前提条件。

在传统武术文化传承中，亲作为师傅待徒之规范表现在以下方面：

第一，师傅与徒弟经常见面。亲的繁体书写为親，親为形声字，左亲为声，右见为形，其中隐含着亲人见面之意。由此可见，作为拟亲缘关系的师徒二人，从师之规范的角度考虑，师傅应经常与徒弟见面，否则难以做到待徒亲。

第二，师傅待徒亲近，亲近指关系密切。武谚中有"要想学得会，师傅身边睡"。这句话从徒弟的角度说明传统武术中师傅待徒亲近的程度，这种亲

---

① 费孝通.乡土中国[M].北京：人民出版社，2016：61.

近的程度并非夸张的表达，香港影视武术指导洪金宝幼年时曾拜入武术家于占元门下学习武艺，他在回忆师傅时道："师傅跟我们一起睡，也是睡地下，我们睡两边，他睡中间。"徒弟与师傅的这种亲近程度也引申出徒弟通过与师傅的朝夕相处，学会的不仅仅是师傅的单纯技艺方面的本事，同时会受到师傅生活方式、待人接物等方面的熏陶。由此，双方形成亲近的师徒关系，同时隐含着师傅待徒亲近规范的价值和意义。

第三，师傅待徒的亲爱之情，亲爱指感情深厚。在传统武术文化传承中，师傅待徒的亲爱之情是如父爱般的深厚感情。传统社会中，徒弟被视为在社会上没有行走能力的人，师傅像父亲一样为徒弟提供衣食住行，并传授其真才实学，甚至会关心徒弟的婚姻、事业等。这种"师如父"的亲爱之情在传统社会中造成两方面影响。一方面，使得师徒双方感情如父子一般深厚，从而促进本门技艺的传承与发展；另一方面，"师为徒纲"成为武林中人对师傅与徒弟二者社会地位的共识，肯定了师傅的绝对权威地位与徒弟的彻底被动地位。这种关系与今天社会所倡导的和谐师徒关系会有一定距离。

今天，尽管亲作为师傅的待徒之规范一直受到武林中人的认可，但仍然存在一些师傅待徒不亲的现象。具体表现在以下方面：

首先，表现为师徒双方不经常见面。如张国栋的博士论文中载："李俊银是著名梅花拳大师李永松的孙子，按照李永松的辈分（梅花拳十二辈），他应当拜一位十三辈的师傅，但当时穆李十三辈的师傅已经全部去世了，他只有通过'飘贴'拜在菏泽东明一位姓杨的师傅门下，至今也没有见到过师傅。"[①] 尽管案例中的主人公拜师不见面有其客观原因，但作为已经形成师徒关系的双方，师傅却从未与徒弟见过面，显然不合乎亲所隐含的见面之意，师徒双方自然也就很难做到感情深厚。这样做无疑使传统武术中的择徒拜师仅成为一种形式，忽略了择徒拜师需要见面的意义。

其次，表现为传统武术中部分师傅待徒不亲近且缺少亲爱之情。从客观

---

① 张国栋. 中华武术现代传承困境研究：基于梅花拳的考察[D]. 西南大学博士学位论文，2011：42

原因分析，是因为现代社会为师徒生活提供便利的同时，逐渐减少了师与徒之间的相互交往，导致师与徒之间渐行渐远，师傅待徒的亲爱之情逐渐冷却。从主观原因分析，是因为在师傅待徒过程中，双方常因观点和认知的不同而导致师徒二人渐行渐远，维系着师徒关系的纽带不再是稳定的"亲爱之情"，而是随时可以引起纠纷的"意见"抑或是其他。

今天，师傅与徒弟经常见面，师傅待徒亲近以及亲爱的规范是需要继承的部分，其中亲爱之规范应继承的是其积极一面，即"师如父"的深厚感情。当代社会主义核心价值观提倡和谐。和谐是中华优秀传统文化的基本理念，传统武术文化传承中师傅待徒亲是保证师徒关系和谐的重要条件之一。

与此同时，当亲爱作为师傅待徒之规范时，我们不仅要继承其积极的一面，还要抛弃其糟粕之处，即"师为徒纲"下师傅的绝对权威地位与徒弟的彻底被动地位，这与现代社会普遍平等的价值观直接冲突。"现代社会普遍平等的价值观的基本含义是机会均等、人格尊严平等、身份平等。这种平等不因出身、年龄、性别、财富状况、健康程度等条件的不同而有所改变。"[①]而传统社会中，"师徒如父子"的拟亲缘关系决定师具有同父一般极高的礼法地位。周伟良认为，"师为徒纲，是传统社会宗法制条件下以父为绝对权威的父为子纲的伦理翻版"[②]，从而明确划分传统武术中师与徒之间高低、尊卑的社会地位。随着社会变迁，这种旧有的"师为徒纲"已不再适应今天的社会。我们认为："对'一日为师，终身为父'的封建社会师傅与徒弟之间的人身依附价值观，以及封建等级观念、君臣观念和门户之见都应该抛弃。应建设和超越的是社会主义提倡的新型平等人际关系……"[③]因此，在继承亲作为师傅待徒之规范的同时，需摒弃"师为徒纲"下师傅的绝对权威地位，从而建立一种新型的、平等的、和谐的师徒关系。

---

① 万俊仁.传统美德伦理的当代境遇与意义[J].新华文摘，2017（18）：41.

② 周伟良，师徒论：传统武术的一个文化现象诠释[J].北京体育大学学报，2004（5）：584.

③ 李金龙，宿继光，李梦桐.中国武术礼文化及其传承与发展研究[J].山西大学学报（哲学社会科学版），2014（4）：129—135.

三、严：授徒之规范及其传承价值审视

传统社会中历来有"严师出高徒"的金科玉律，因此，严是传统技艺传承中师傅授徒时的规范。严的本义指不松缓，用于待人处事的态度时，表示严厉、严格等。在传统社会中，严是对师傅的高度赞誉。传统武术文化传承中，严作为师傅授徒之规范具体表现在以下方面：

第一，师傅授徒严格。严格表示在遵守制度或掌握标准时认真、不放松之意。《三字经》中说："养不教，父之过；教不严，师之惰。"生养孩子却不送其接受教育，是父亲失责。但接受教育时，师傅疏于管教，导致徒弟失教，是师傅失责。其中"教不严，师之惰"中的严取严格之意，即是说师傅在授徒时应对徒弟严格要求，切勿懒惰放松。否则徒弟犯错，师傅就负有不可推卸的责任。在传统武术文化传承中，师傅同样遵守着这一般意义上授徒严格的规范。

第二，师傅授徒严谨。严谨指严密谨慎，表示不胡乱说话之意。虽然此处谨与前文中择徒之慎均有谨慎之意，但在传统社会中，作为师之规范，严谨中的谨与择徒中的慎却各司其职。前者指师傅在授徒时应严谨，取谨之意，谨字有言。古人认为，口为祸福之门，言语的谨慎尤为重要。后者指师傅在择徒时应谨慎，取慎之意，慎字有心，要求师傅从内心深处出发，做到择徒之慎。因此，当严谨表示师傅授徒之规范时，则是要求师傅在授徒时应做到言语严谨，即不能凭借妄言传授知识。如《弟子规》中说"见未真，勿轻言，知未的，勿轻传"，即是要求师傅对于没有见到的、不知道的知识，不能轻言与轻授。

进而言之，严谨是对传统武术文化传承中师傅口传时的规范。传统武术的传授方式历来以口传心授为主，其中口传即是要求师傅做到严谨。如《啸旨·角力记·学射录·手臂录》中记载："杨家杂出于马、沙之间。学问以谨严为基。"[①]此处的"学问以谨严为基"是要求师傅在口传时，在言语表达方面

---

① 王云五.啸旨·角力记·学射录·手臂录[M].太原：山西科学技术出版社，2012：213.

应做到严谨。其中，"谨严为基"则进一步说明严谨的重要性。古语有云"失之毫厘，谬以千里"。

　　第三，师傅授徒严厉。严厉表示严肃而厉害，不宽容，有使人害怕之意。传统社会中的严厉之师具体表现在两方面。其一，在态度方面，具体表现在徒弟犯错后，师傅对徒弟持"不宽容"的态度，侧重于徒弟在道德方面所犯错误。刘晓东在《明代私塾中的"师徒"关系刍议》中提到"严师"时举例："项士贞入主乡里名族梅氏之家塾，正讲业间，学生忽箕股而坐，他（师傅）勃然大怒，愤然离馆而去。直至家长亲至谢过，并杖责失礼生徒（徒弟）之后，方才复馆。"[①]所谓"箕股而坐"是一种轻慢、不拘礼节的坐姿，即随意张开两腿坐着，形似簸箕。师傅在讲课时因徒弟坐姿不雅而勃然大怒拒绝授课，直到徒弟的父母亲自赔礼道歉并杖责徒弟后才重新开始授课。此例可体现出在明代私塾中，师傅不允许徒弟有丝毫不尊师的行为，一旦发现绝不宽容。同样在传统武术文化传承中，师傅对道德品质欠佳的徒弟也表现为"不宽容"，情节严重者甚至会将其逐出师门。其二，在行为方面，具体表现在师傅对徒弟的体罚。刘晓东认为："最为今人所熟悉，也最能体现出塾师之严的，可能莫过于塾师对违规生徒的体罚了。"此处的严仍表示严厉之意。这种体罚在传统社会中被视为师傅的权利，该权利不同于今天法律所指的权利，虽然没有明文规定，但在传统社会中受到人们普遍认可且无人敢反驳。刘晓东认为"塾师对生徒之体罚权的合法性所在，（家长）公开干预或表示不满，常常会招致'护短'的恶名。"可见，传统社会中一名具有"体罚权"的师傅是获得社会肯定的。

　　第四，师傅授徒威严。威表示权威，严表示尊严、尊敬。因此，威严之师指因权威而受到尊敬的师傅。从"师之规范"的考察角度看，威严之师的核心应该是权威之师。只有合乎权威之师的规范，才能成为受人尊敬的师傅。美国教育家韦布（Web，R.S.）将教师权威分为地位权威与个人权威，"前者

_____

① 刘晓东.明代私塾中"师徒"关系刍议[J].东北师范大学学报（哲学社会科学版），2012（6）：71.

指由教师在学校组织中的地位所被赋予的权威，学生仅仅因为教师是'老师'而被要求尊敬之，师生之间因一定的社会距离而相互分离。后者则是由于学生对教师的判断、经验及专业知识等方面的信任而产生的权威"①。所以，评价与分析传统武术文化传承中权威之师的规范时，也应注意它表现在地位权威与个人权威两方面。

根据教师权威理论可知，师傅的地位权威指师傅在武术组织中的地位所赋予的权威。即是说，权威之师要求师傅的地位权威应该是被武术组织赋予的，而非师傅自己凭空捏造所得。在传统社会里，其具体体现于"三尊"与"五大"之中。据民间传播甚广的日用生活类书《新版增补天下便用文林妙锦万宝全书》记载："三尊：君、父、师。""三生：父生之，君食之，师教之。"②可见，在传统社会中，师与君、父具有同等的礼法地位。

传统武术中的师傅之所以拥有地位权威是因为其具备个人权威。师傅的个人权威指由于徒弟对师傅的武技与武德两方面的信任而产生的权威。其中，武技与武德是构成师傅个人权威的基本内容，进而实现师傅地位权威的前提条件。

其一，在武德方面，既有师傅个人道德修养的规范，如孟子提出的"明人伦"，其具体内容为"父子有亲，君臣有义，夫妇有别，长幼有序，朋友有信"；也有师傅对徒弟武德教育的规范，如《河北沧县孟村镇吴氏八极拳拳术秘诀之谱》的谱规凡例规定："为师授徒，须先教以仁义，再教以忠勇。"③

其二，在武技方面则要求师傅博而精，在传统武术文化传承中，精与博是目标与基础的关系。精是博的目标，博是精的基础，即要求师傅以广博的知识为基础，从而确定专精的目标。明末清初的思想家黄宗羲认为"学不患不博，患不能精"。可见，传统社会中，在武技上只博不精的师傅是不能授徒

---

① 吴康宁. 教育社会学[M]. 北京：人民教育出版社，2016：208.

② 刘晓东. 明代私塾中"师徒"关系刍议[J]. 东北师范大学学报（哲学社会科学版），2012（6）：70.

③ 李金龙，宿继光，李梦桐. 中国武术礼文化及其传承与发展研究[J]. 山西大学学报（哲学社会科学版），2014（4）：129—135.

的，唯有由博致精才能在授徒中有所创新。如《国技概论·国术理论概要》中有"务博择难精矣"[1]的规范。所谓"务博则难精矣"取只博不精之意，指一些师傅虽然具备广博的知识基础，但是没有专一的目标，技艺难以精进。其中自夸博历、广涉诸门、穷探百艺等虽然合乎博之规范，却因没有专一目标，所以与精之规范不符。因此，传统武术中的师傅只有做到博而精，才是在武技上合乎规范的师傅。

综上所述，传统武术文化传承中威严之师的规范，实则是权威之师的规范。一名合乎授徒之规范的权威之师，在道德方面既要遵守个人道德修养的规范，又要遵守师傅对徒弟的武德教育规范，在武技方面应做到博而精。其中，武技与武德既是衡量师傅个人权威是否合乎规范的基本指标，也是师傅获得地位权威的唯一途径，二者缺一不可。

首先，传统社会中师之严格、严谨以及威严的规范是需要我们继承的优秀传统文化。其中，就严格之规范而言，现今社会一部分师傅在授徒时因受外界环境的影响，如家长的公开干预、徒弟背后名利的诱惑等，使他们难以对所有徒弟均保持认真、不放松的态度。就严谨之规范而言，严谨即是要求师傅"见未真，勿轻言"。然而一些师傅出于私心，以期与徒弟保持更为长久的师徒关系，为自己带来利益，遂夸下海口承诺徒弟将隔山打牛、飞檐走壁等虚妄招式倾囊相授。然而，"所谓武林中人具有特异功能的传说纯属子虚乌有"[2]。就威严之规范而言，借助教师权威理论反观今天社会中的权威之师发现，今天社会中一些师傅的地位权威并不是通过个人权威中武德与武技的提高进而被武林组织所赋予的，而是利用互联网平台随意捏造、篡改自身的武技并且吹捧自身的武德，企图直接获得。与此同时，今天社会中还存在一些"功高德不高"或者"德高功不高"的师傅。以上这些师傅都不是合乎严格、严谨以及威严之规范的师傅，长此以往将为传统武术组织带来不良影响。

---

① 卞人杰. 国技概论·国术理论概要[M]. 太原：山西科学技术出版社，2011：157.
② 李金龙，王晓刚，邹继香，等. 我国传统武术文化的扬弃[J]. 上海体育学院学报，2008（2）：61.

其次，在论及传统社会中严师的个人道德修养规范时，需进一步发展师傅个人与团体关系下的道德规范。现有研究多集中于师傅对徒弟的道德教育责任，相较而言对师傅的个人道德修养的研究略显薄弱。再者，传统社会中，师傅的个人道德修养仅限于师傅个人与他人关系层面下的道德规范。正如费孝通所说："差序格局中并没有一个超乎私人关系的道德观念，这种超己的观念必须在团体格局中才能发生。"[①]然而，随着传统社会向现代社会的转变，由过去的熟人社会进入今天的生人社会，个人与他人关系层面下的道德规范已经难以完全满足今天的人际交往。因此，今天社会中的师傅不仅要继承个人与他人关系层面下的道德规范，更要进一步发展师傅个人与团体关系下的道德规范，如社会公共道德等。即是说，传统武术中的师傅不仅要处理好个人与他人之间的关系，还要处理好个人与社会、个人与国家之间的关系，只有这样才能合乎现代社会中师傅的个人修养道德之规范。

最后，传统社会中提及的师之严厉需要合理地扬弃。首先，我们应弘扬严厉之师在授徒时所持的不宽容的态度，这种不宽容的态度主要是针对徒弟的武德培养方面。其次，我们应抛弃严厉之师的体罚权。虽然传统社会中的师傅体罚徒弟可获得社会的肯定，然而，今天的社会是社会主义核心价值观中所提倡的法治社会，它通过法治建设来维护和保障公民的根本利益。传统社会中师傅的"体罚权"不仅违背了我国现行法律制度，而且对徒弟的身心健康带来不良影响，破坏师徒关系的和谐发展。《中华人民共和国义务教育法（修订案）》第二十九条第二款规定："教师应当尊重学生的人格，不得歧视学生，不得对学生实施体罚、变相体罚或者其他侮辱人格尊严的行为。"时至今日，在历史长河中遗留下来的所谓"不打不成器"的错误观念至今仍受到些许师傅的认同。因此，我们更加需要抛弃严厉之师的"体罚权"，从而树立"以人为本"的现代教育理念，热爱徒弟、尊重徒弟、关心徒弟、帮助徒弟。

---

① 费孝通. 乡土中国[M]. 北京：人民出版社，2016：39.

第六章 充分发挥评价在学校武术文化传承中的积极作用

第一节 当前学校武术文化传承评价存在的问题

一、学校武术文化传承评价偏离教育目标

武术文化传承评价作为整个学校武术教育的重要组成部分，其实施的目的在于考查学生对武术知识技能的掌握情况以及对武术精神和武术文化的领悟能力，进而促进学校武术教育目的的实现，因此，评价的标准应该以教育目的为准绳。在学校武术教育中正确地运用评价有助于探明、调节、改善和提高武术教育活动本身的功能，从而更好地激发学生的习武热情，激励学生实现武术教育的目的。因此，教育评价应契合武术教育目标。

学校武术文化传承的最终目标是培养具有武术素养的人。教育评价理应以此为依据设置评价内容。但是，当前学校武术教育评价的实施并没有完全契合培养学生武术素养这一学校武术文化传承的根本目标。在前文中我们提到，武术素养可以细化为6个领域目标，包括参与目标、技能目标、认知目标、体质健康目标、心理健康目标、社会适应目标等；从实施途径上也可分为武术的知识技能、行为习惯、道德修养等。然而，在当代学校教育中，武术教育被具化为一门体育课程，其评价内容与一般体育项目相同，主要以测

135

量学生掌握的知识技术为主，对于学生武术学习态度、武术学习兴趣、武术精神和文化领悟等方面几乎没有一个明确的考查标准或参考依据。但实际的情况是："就武术教学评价而言，目前所通用的教学评价指标主要是考察教师教授与学生掌握动作技术的效果，而很少涉及学生的武德修养水准与是否掌握了动作的攻防用法，但以上两方面内容恰恰是武术有别于其他体育项目的独特魅力所在。"[①]因此，目前学校武术教育所实施的评价标准无法对学生所具有的武术素养进行客观的反馈，学生的行为习惯、道德品质等方面的素养均不在评价范围之内。即便是对知识技能的评价也多是局限于练，本应打练结合的技术体系被肢解。武术教育评价标准偏离教育目的导致评价结果存在明显效度不足的问题，无法对教育效果进行正确的反馈。

评价标准本应以教育目的为准绳，但是在当前应试教育的大背景下，学校武术教育评价不可避免地带有了功利化的色彩。学生和家长普遍关注选拔性评价，没有把目光转向学生的长远发展。具体表现为武术考核的竞技化问题，正如李金龙所言："武术考核竞技化的表现就是将武术技术的好坏和武术比赛成绩的好坏作为武术学习和武术教育好坏的主要评价目标和标准。注重的是武术知识、技术、技能的结果性评价，很少考虑和考核学生在武术学习过程中发生的人格素质的变化，比如情感、态度、意志品质、习惯、兴趣、勇敢、勤奋、礼貌、文明举止、纪律遵守、刻苦、尚武精神等个性心理特征方面的变化。只要武术技术好、比赛成绩好就等于武术学习好，武术教育是成功的。"[②]功利化的评价往往不考虑学生平时的努力和起点状态，也不考核学生的武术学习态度、武术价值观，更不问学生武术锻炼的习惯养成与否。

---

① 洪浩，田文波. 现代化进程中武术教育新理念与体系重构[J]. 武汉体育学院学报，2013（11）：52—58.

② 李金龙，宿继光，李梦桐. 由技进道：我国学校武术教育转型发展的出路［J］. 武汉体育学院学报，2014（11）：50—55.

二、学校武术文化传承评价机制有待完善

教育评价本应客观反映教育效果，促进实现教育目的。然而，由于武术教育评价机制的不健全使评价不能真实反映教育过程中的问题。长期以来，我们对武术教育评价的认识存在着"二元对立"的观点。将武术的打与练分离；将武术的知识与技能分离；将武德与行为习惯分离；将武术教育的过程与结果分离；将教师与学生分离。过多地强调矛盾双方的对立性，忽视彼此间的联系，导致了评价结果的片面性、主观性、功利性，使武术教育评价失去了本应有的价值和意义。

当前，学校武术教育在评价方面存在的一个显著特点就是以课程考试代替教育评价。在评价对象上以学生评价为主，在评价过程上以结果评价为主。在任何教育活动中学生都应该是教育的主体，但却不是影响教育效果的唯一因素。"传统的考试、测量多数都是考查学生的学业，学业评价成了学校领导、教师管理学生的重要法宝。当前，在不少中小学的学业评价中，学生仍只有学习权、参与考试权，没有评价权；他们只是成长记录袋的记录者，失去了成长的主动权；他们的主体地位不但没有得到应有的尊重，甚至主体人格有时也受到践踏。"[1]这种粗暴的评价方式不仅达不到教育评价的目的，甚至有可能扼杀学生的学习积极性，最终导致学生独立精神与创造欲望的丧失。

此外，学校武术文化传承对教师专业素养和教育水平的评价同样存在片面性。学校武术教育在"为应试而教，为应试而学"的不良影响下，使学生、家长甚至教师和教育管理者都把目光集中于教学结果。对于教师能力的认定不是从德、能、勤、绩等各方面全面考核，而是只看重绩。以学生的考试成绩或竞赛成绩来评判教师教育质量的优劣，评判学生学习的好坏。仅凭考试结果评价学生的武术素养，评价教师的教育水平显然不够客观，更不利于学生的健康成长以及教师的专业发展。

---

① 李尚卫，吴天武.普通教育学[M].北京：北京师范大学出版社，2014：275.

第二节 对目前学校武术文化传承评价的改善措施与办法

一、将武术文化传承的育人目标与考核指标密切配合

武术文化传承的主体和对象是学生，学生是否能够掌握扎实的武术知识、武术技能和传统的武术精神是武术文化传承的目的所在。总之，能否将学生培养成为具有武术素养的人是学校武术文化传承的核心目标。因此，学校武术文化传承的评价也必须要以育人为基本的指导思想和参考标准。将育人目标与学校武术文化传承的考核指标紧密结合起来，就必须要改革传统评价中单纯以技能性评价为标准的机制，从学生综合武术素养培育的角度分层次制定考核标准。在制定考核标准时，不仅要将学生对武术基本知识和技能掌握情况以考试的形式进行量化考核，同时也要针对学生的武术文化掌握情况进行考核，制定出具体的考核指标。例如，根据日常武术练习次数、日常在课上及课下习练武术时表现出的礼仪观念，对武术文化的讲解和宣传情况制定相应的评价标准，并汇入最终的考核评价指标之中。

二、增加过程性评价在整个考核评价体系中的比重

礼仪文化、尚武精神、习武习惯、意志品质等方面，都属于武术文化传承过程中学生所表现出来的情感态度和精神内涵。作为影响学生学习武术的重要因素之一，学生的武术学习行为受其态度的直接影响比较明显。通过调查发现，部分学校武术教师对学生学习态度、武术文化、武术精神等方面的考核仅在平时成绩中占少许分值，有的甚至不把上述方面的考核计入成绩。针对上述观点，笔者对311名武术教育专家及武术教师就他们对武术学习态度、武术精神文化内化情况、武术习练习惯等非技能性因素考核比重的认可度进行了调查，调查结果如下表：

表6-1　对加大非技能因素考核比重的认可度情况　n=270

认可程度	非常同意	比较同意	一般	不同意	完全不同意
人数	156	71	30	13	0
百分比	57.8	26.3	11.1	4.8	0

通过对所调查的武术教育专家和武术教师对加大情感态度、精神文化、习惯等非技能因素考核比重的认可度情况调查，有57.8%的被调查者完全同意加大情感态度、精神文化、习惯等非技能因素在考核中所占的比重，有26.3%的被调查者比较同意。考虑到上述非技能因素测量具有一定难度，且运用一次性的结果性评价难以起到有效的考核效果，即无法用试卷和测试的形式来进行测试，因此在综合考核体系中加大过程性评价的比重就成为一个必要的措施和办法。教师可以根据时间段或者一段时间内的教学内容，把一个学期划分为合理的几个阶段，阶段性地观察并且记录学生在各个阶段中的学习态度和课堂表现，从而切实地明了学生的学习状况，进而用适当的分数和文字，对学生的学习情况进行描述。最后，把累计的分数和记录的描述性评价结果传达给学生，这样就能使学生清晰地认识到自己在此阶段的学习态度和进步，这种方法不仅能够给学生以及时的反馈，更能激励学生在下一阶段的学习活动中更加积极，从而获得更大的进步，周而复始，是一个良性的循环。

综上所述，教师和学生都对加大非智力因素在考核中所占的比重持认可态度，换个方式来说，10%的平时成绩中包含考勤和作业的完成情况。那么，剩下对其他部分的考核所占的分值对学生起不到太大的激励作用。因此，各高校应当加大平时成绩在总成绩中所占的比重，满足学生对这方面的需求。

三、突出学生考核评价的主体地位

学生作为学校武术文化传承参与的主体，对于所学的知识、技能和武术精神文化首先要形成一个自我的分析和价值判断，通过课程考核的目标和标准来衡量自我与他人在学习过程中及学习后的情况，并进行比较，进而对自己形成一个客观清晰的判断。学生自评与教师评价在评价的内容上存在一定的差距，其更加注重对自我表现的一种深刻剖析。

表6-2 学生武术学习考核自我评价表

自我评价结构	物质的我	社会的我	心理的我	评价等级
评价内容	身体形态	与任课老师的关系	武术学习兴趣	评价等级可以用李克特五级分类量表的形式，让学生在很满意、满意、一般、不满意、很不满意中进行选择
	动作标准度	与同学的关系	尚武精神	
	运动能力	自己在班级的声望	武术文化的学习	
	衣着衣帽	武术礼仪	武术学习的专注度	
	课堂表现			

教师作为考核评价的主体，在对学生学习效果进行评价的同时，也需要主动引导学生进行自我评价，要向学生讲解自我评价的重要性，消除学生对于考核评价固有的消极态度和反感心理，让学生理解自我评价表中各个指标的含义，让学生根据表中的考核项目对自己进行考核评价。

同时，教师在积极引导学生进行自我评价的基础上，也要让学生参与到互评的机制中来。社会学家库利的"镜中我"理论就是强调个人的言行举止需要根据他人对自我的态度和看法来不断调整。学生一旦被其他同学认可，其社会角色期待的需求就会被满足，学生就会按照这种期待来规范自己的行为。在开展学生互评机制之前，教师要让学生真正理解学生互评机制的意义，引导学生客观、理性地对待学生互评机制。自己作为评价者要对别人在课堂中的表现给予客观真实的评价，不能掺杂个人情绪不切实际地评价他人；对于被评价者而言，要虚心接受其他同学客观真实的评价，不能将这种评价看作是私人之间的玩笑捉弄或者打击报复。教师要积极引导评价者和被评价者之间交流互动，让学生以理服人、以德服人，养成公平竞争和客观理性的意识。

四、改变考核评价结果的处理方式

从实地走访以及笔者多年从事学校武术教育所累积的教学经验来看，大多数学生对于一次性的分数制考核评价存在一定的抵触情绪。单纯的运用技术考试或试卷考试的形式来处理考核的结果，难以真实全面地反映出学生在一个学习周期之内的武术学习情况和进步情况。考核评价不仅要反映出学生对武术知识和技能的掌握情况，同时对学生在一个学习周期的进步情况、教师在一个教学周期的问题和不足、教师在教学中的改革创新情况等都要进行一个客观的反映，使每一次的考核评价都能够为下一周的学习和教学指明改进的方向。因此，这种分析问题和诊断问题的考核评价就需要有一部分定性的考核来完成。以评分等级加考核评语的方式进行考核，能够让学生认识到自己在学习过程中究竟有哪些问题和不足，学生在这种评价方法中不仅可以对自身的知识技能掌握情况有一个客观的认识，同时通过教师的评语还能够认识到究竟哪一部分的学习还存在差距，需要从哪些方面进行提高。这样学生不仅在今后的学习中有了一个明确的方向，同时还能够体会到自己在教师心目中的重要性，增强自身在教学过程中的优越感，提高学习积极性和主动性。

在教师的评语中，教师一方面要客观地对学生的学习情况进行评价，及时指出学生在学习过程中的问题和不足，同时也需要给予学生充分的鼓励和肯定，注重发掘每一个学生的优点，肯定学生在学习过程中每一个进步的方面，培养学生学习的成就感，让学生能够在教师的关怀和指导中认识自己的问题，从而改进学习方法。

表6-3　学生考核评价成绩表

评价内容	评价方法	优秀	进步	中	及格	不及格	1 学生自评 2 学生互评 3 教师评定
		表现十分优异	能够充分胜任	进步明显但不能够胜任	有进步但水平较低	无进步且水平较低	
武术基本动作	技术考试						
武术文化理论	理论作业问答						
武术展示能力	教师观察技术测试						
平时成绩	教师观察课堂表现						
武术礼仪及武术精神	学生自述教师观察师生交谈						
教师寄语：	（示例）××同学：你好，你在最近的学习中表现非常优秀，进步比较明显，虽然在一些技术和动作上还存在问题，但是相信你在今后的学习中一定能有所提高。						

五、将学生个体差异纳入考核评价标准之中

通过调查发现，目前大多数学校武术教育的考核评价主要采用了绝对性评价标准和相对性评价标准，而学生个体差异并没有被纳入课程的考核评价之中。因此，将学生个体差异纳入考核之中，在考核中充分考虑学生不同个体的发展和进步，是今后课程考核评价完善的一个重点领域。就我国目前的研究来看，已经有部分学者针对这一改革进行了研究和探索，北京体育大学教授姚蕾所主张的三维考核评价方法为健美操专选课考核评价的改进提供了一个较好的思路，如图6-1所示。

武术基础水平低的学生，其学习进步的上升空间就越大，依据累进评分法（即使分数增加的幅度与成绩提高的难度相适应的评分方法）的原理，这样就能较客观地反映出每一个学生的进步，如图6-2所示。用累进记分法评价学生可量化学习内容的进步幅度，即学生对武术知识和技能的评价分数等于

学生学习之后的分数减去学生学习之前的分数。

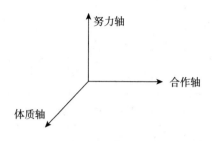

图6-1　学生体育学习三维评价示意图[①]

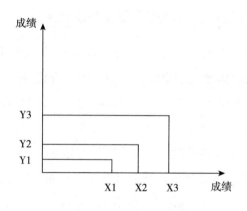

图6-2　累进评分示意图

考查学生的进步程度是充分尊重学生个体差异的一个直观表现，这种评价充分以学生自身条件作为参考标准，是一个贯穿学生学习始终的动态反映。这种考核评价方法能够对身体素质较差或武术基础较差但努力程度较高的学生进行一个客观积极的评定，给予学生充分的学习自信心，让学生在考核中看到自己努力学习的成果，提高学生学习的积极性。同时，也让身体素质优越但努力度不够的同学认识到自己的不足，督促身体素质好的学生也能够全身心地投入武术学习活动中。

---

① 姚蕾，杨铁黎. 中小学体育教学评价的基本理论与实践[J]. 北京：北京体育大学出版社，2004.

表6-4　学生进步程度评价表

进步分数	学习周期	得分
1–10	第一学期、第二学期	4
11–15	第一学期、第二学期	6
16–20	第一学期、第二学期	8
20 以上	第一学期、第二学期	10

六、将武术礼仪形式与感恩尊重教育密切结合

韩国跆拳道和日本的空手道、合气道等之所以能够受到世界其他国家的青睐，一个重要的原因是它们都非常重视礼的教育而并非简单礼仪形式的学习。礼的本质在于养成人与人之间、人与物之间、人与自然之间尊重感恩的良好关系，包括思想上和行为上形成相互尊重和感恩的良好习惯。韩国和日本的武道都非常重视习练者礼的习惯养成，如跆拳道和合气道都强调"以礼始，以礼终"，要求学生懂得无论练习道场，还是同伴、老师，都是自己格斗技能提高的原因和条件，都是应该感谢和尊重的对象。规定了出入道场的礼节、摆放器械的礼节、穿戴护具的礼节、开始时的礼节、对抗中的礼节、对抗结束时的礼节、同伴之间的礼节、师生之间的礼节，非常多，非常细，就是要让学生通过不断地重复这些礼节而对心理产生刺激和影响，从思想上和行为上形成习惯。

因此，在平时的学校武术教育中融入礼仪尊重教育之外，同样需要通过相关的考核和评价来鼓励学生朝这一方面逐渐完善，在开展具体的教学活动之前就要提前向学生说明在课上与课下进行武术学习和练习时要如何摆放器械、如何注意着装、如何尊师重道、如何与同学和对手保持礼仪性的交流互动，并将这些内容综合到最后的考核中，以分数或等级的形式对这一部分分数进行量化，选择适当的比例算入最后的学习成绩之中。

第七章 学校武术文化传承的环境需要改善

第一节 学校武术文化传承的环境急需改善

一、硬件环境存在的问题

当前，我们对学校武术文化传承的环境重视程度远远不够，甚至存在着误区。从场地设施来说，随着社会对教育事业的不断重视，各学校的教育环境在硬件条件方面都得到了不同程度的改善。那么，现代化的场馆就一定是适合武术文化传承的环境吗？答案是否定的，大部分武术场馆在设计和陈列上明显缺少了"中国元素"，缺少相应的文化符号，充其量是场地中央的一个"武"字表明这里是武术场地。武术场馆在标准化程度上远不及跆拳道、柔道等域外武技，缺少相应的文化特色与符号是武术场馆存在的主要问题。此外，有相当一部分人认为武术教育场所可以因陋就简，不需要专门的、特殊的场地。不是说"拳打卧牛之地"吗？随便什么地方都可以进行武术教学。"崖上顿足走惊砂，冰上行步练功夫，八仙桌下演拳脚，红船上面打船拳"，这本是说武术在民间开展不受场地限制所具有的优势，但是在现代学校教育中却显得有些"随意"，而成为制约武术教学硬件条件发展的不利因素。笔者在实地调查过程中就发现，大多数综合性院校在场馆建设方面很少考虑武术馆。在很多学校中，足、篮、排、乒、羽、网、体育舞蹈、健美操，包括跆拳道等普遍开展的体育项目几乎都有固定的场地，而武术课常常是占用篮球场或田径跑道上课，很少有学校有专门的武术场馆。某省城的一所综合性高校，公共体育教学开展得有声有色，曾获省部级教学成果一等奖。这所学校在大学体育课中开设了20余项体育项目，除武术课外均有专门的场馆。长期以来武术课只能在田径场或篮球场求得一席之地，而且这种情况还将长期存在下去。

服装是一种重要的文化表达，承载着一个民族的历史记忆。在现代社会，不同的群体对着装有不同的要求，反映出群体的不同特征，同时也给群体内部成员产生特定的心理感受。进入跆拳道馆，看到的是学员们身穿整齐的道服，配以不同颜色的腰带以区分习练者的段位等级。这样的场景无形中给人一种庄重的感觉。在武术课堂上，很难见到学生统一着装（有部分学校要求学生必须穿校服），而身着武术特定服装的就更少了。至今为止，本人尚没有见到教育管理部门对学生上武术课着装的具体要求，只是在《武术竞赛规则》中对武术比赛的服装作出了规定。近年来大力推广的武术段位制，分别设计了武术裁判员服、武术指导员服、武术运动员服，并设计了不同的徽章代表不同的段位级别。但是就目前来看，推广得并不理想，尚没有在学校打开局面。武术服装有着鲜明的民族特色，具有极强的美学价值和文化内涵，但是在常规的教学中我们很难看到有学员身着武术服装上课，更不用提统一服装了。统一服装绝不是一个形式问题，它会对学生产生重要的心理暗示，关系到教学效果的好坏。我们在社会上可以看到很多行业都有各自的制服或指定着装，不仅区分了他们的职业，而且使着装者产生行业认同，有一种归属感或自豪感。当军人、警察、法官身着制服，医生穿上白大褂，不仅表明了他们的职业，同时代表着一种职责和担当、一种使命。当代社会，很多企业已经为职工设计了制服，要求上班时统一着装，其实这彰显的是一种企业文化，是现代化企业的标志。可见服装对于一个群体、一个行业具有重要的意义。

二、软件环境存在的问题

目前青少年对武术的认知程度普遍不高，大多数通过武侠小说和影视作品来了解武术。由于文学作品的夸大与渲染，使青少年对武术充满神秘感。

然而真实的武术既不能飞檐走壁，更无法做到刀枪不入，现实与理想的强烈反差使学生瞬间失去了兴趣，造成了学生习武积极性不高，甚至出现抵触情绪。部分学校的教育管理者和家长对武术也缺乏正确的认识，将武术与暴力联系在一起，担心校园暴力的发生而排斥武术教学。这些对武术错误的认知严重地影响到学校武术教育氛围的形成，不利于武术教育的开展。

武术礼仪是构成学校武术教育软环境的重要内容。但就目前的状况而言，学校武术教育在礼仪方面还有很多需要完善的地方。一方面，教师对学生的武术礼仪缺乏精细化的要求。在日常生活中，我们几乎看不到在人际交往中使用武术礼仪，即便是在武术教学中，也只有在课程开始和结束时师生行抱拳礼。反观跆拳道"以礼始，以礼终"，不仅在课堂上要对国旗行礼、对教师行礼、与队友行礼，甚至对器械行礼，并且把这种仪式延伸到日常生活中，处处表现出良好的精神风貌。这一点武术教育是应该学习借鉴的。另一方面，武术礼仪的"生活化"程度不高。以抱拳礼为例，其内涵丰富，动作舒展，要求身体保持正直，两臂从体侧向前屈肘收于胸前并急速制动，使左掌按于右拳上方，表现出习武者的阳刚之气。但是这个礼节是否适合于课堂教学、日常生活使用却是值得商榷的。依本人来看，行礼首先在礼，要表达谦逊、恭敬之意。抱拳礼虽然"以左手拇指内扣表示谦虚的意思"，但无论如何看不出这个谦虚是发自内心的。尤其是向长辈行礼，腰都不弯一下，怎么表示敬意呢？更有甚者对抱拳礼还赋予了"攻防含义"，认为两臂合于胸前随时可以变为格斗势。这样的"礼"从何而来？显然，抱拳礼更适合在比赛或是格斗对抗时使用。

第二节 学校武术文化传承环境的作用与改善途径

一、环境对文化传承过程产生重要的影响

环境对于人的成长具有重要的影响作用。对于青少年教育而言，环境的影响作用表现尤为明显。在学校武术文化传承中，良好的教育环境可以有效地促进教育目标的实现，而不利的教育环境则阻碍教育目标的实现。对于学校武术教育而言，其教育环境应该是学校教育活动所必需的诸客观条件和力量的综合，它是按照培养学生的武术素养这种特殊需要而组织起来的育人环境。广义的武术教育环境包括家庭教育、社会教育和学校教育，狭义的武术教育环境主要是指学校武术教育的场地、设施以及学校武术氛围和师生人际关系等。

教育环境是一个由多种要素构成的复杂系统，它潜移默化地影响着教育过程，尤其是对学生的认知、情感和行为产生着促进或阻碍作用。"孟母三迁"的故事使我们知道了环境对于人的成长的重要意义。"因为教育环境是能力形成和发展中重要的、必不可少的，在一定的条件下，还可能成为能力发展过程中第一位、决定性的因素。"[1]武术教育的实施一定不能忽视环境的重要性，构建良好的教育环境对于有效实现武术教育目标有着重要的意义。

二、学校武术文化环境的改善途径

不同的教育环境对教育过程会形成不同的影响，从而会产生不同的教育结果。当前，被纳入体育教育范畴的武术在教育环境方面与其他体育项目呈

---

① 李为民. 论教育环境对人的能力形成和发展的影响[J]. 中南民族大学学报（人文社会科学版），2002（8）：118—121.

现高度的同质化，缺少具有民族特点的文化元素。武术教育环境应该彰显民族文化的特色，与教育内容相契合，充分激发学生的习武热情与兴趣，为实现武术教育目的提供有力保障。

第一，场馆的设计与装饰，以及器械的陈列要有利于武术教育氛围的营造。场馆内要进行必要的装饰，以具有象征意义的武术文化符号，或能够体现中国传统文化的元素，以激发习武者的尚武精神。例如，场馆中要悬挂能够修身正己或振奋精神的标语口号、武术名人的照片。必不可少的是在醒目位置悬挂国旗，以弘扬民族精神，时刻提醒习武者忠于祖国。第二，礼仪是构成仪式的基本要素，是习武者对武德产生情感体验的关键因素。构建具有仪式感的学校武术教育环境，应该推动武术礼仪生活化，形成武术教育的礼仪时空，建立与完善武术教育礼仪的体系与制度，开发与转化中国传统礼仪资源。第三，服饰在构成仪式的要素中占有很重要的地位。统一的服装有利于参与者产生归属感，而且不同的服装或是服装上不同的装饰可以增加习武者身份的辨识度。这一点跆拳道显然做得比武术好，在教学、训练、比赛中统一的白色道服，配以不同颜色的腰带，具有很强的仪式感。其实武术服装有着强烈的美学特征和象征意义，但是我们的推广工作做得很不到位。在学校日常的武术教学中，几乎看不到有习武者身着武术服装，或者是统一着装。这对于习武者的身份认同感和武术的标准化推广很不利。第四，语言是传递信息的主要工具。语言学家爱德华·萨丕尔指出："语言的背后是有东西的。"[①]在武术教育中，尤其是武术技术教学中，合理使用武术术语有助于改善武术教育的软环境。本人在实地调查中就曾亲历过一位教师在上简化太极拳课，将动作名称野马分鬃、白鹤亮翅、搂膝拗步、手挥琵琶等，以"1、2、3、4……"代替，如同喊广播操一样的口令使太极拳的美感荡然无存。此外，武术谚语的使用可以提升习武者的学习兴趣，并且有利于习武者对知识的掌握。武谚是中国武术特有的文化现象，它的本质是"一种以语言为载体的传

---

① 萨丕尔.萨丕尔论语言、文化与人格[M].高一虹，译.北京：商务印书馆，2011：8.

统武术文化"，"武谚作为谚语家族的一大分支，属于武者之间特有的'圈内话''行家话'，是武者这一相对独立的社会群体所特有的亚文化——传统武术文化的一种载体"①。

第三节　学校武术教育环境应该是具有仪式感的育人环境

于丹认为，与古人相比，今天的中国人生活方式似乎少了一些情趣。"我一直有一个困惑，感觉当下生活节奏越来越匆忙，生命中越来越缺乏仪式感。没有仪式感，人生就不庄严，心就不安静。"②仪式感是人们表达内心情感的最直接方式，在人的生命中具有重要的意义。它是主体依托于仪式活动的场景、礼仪、服饰、语言等产生的内在感受，具有通过象征性激发人的情感与想象的作用。奥林匹克的圣火采集仪式给人以圣洁、神圣的仪式感，引导人们向往光明，热爱和平；对汶川大地震遇难者的悼念仪式肃穆庄严，使人们产生敬畏自然、珍爱生命的仪式感。我们的生活需要仪式感的存在，而具有仪式感的育人环境将对武术教育产生积极的影响作用。

在当今社会，快节奏的生活使人们对仪式感无暇顾及，而又不自觉地在抱怨生活无趣。仪式感的意义就在于以庄重认真的态度去对待习以为常的生活，认认真真地把事情做好，才能真正发现生活的乐趣。我们之所以需要婚礼、葬礼、毕业典礼、开业典礼等与仪式相关的活动，不都是为了表明此刻意义不同，需要铭记心中吗？然而，随着社会的发展和人们观念的改变，有些仪式似乎被认为是可有可无，甚至是繁文缛节，对任何事情都可以一切从简甚至从无。就拿过年来说，春节是中华民族最古老的节日，也是全年最重要的一个节日。在千百年的历史发展中已经形成了一系列固定的风俗习惯，如"二十三，糖瓜粘；二十四，扫房日；二十五，推糜黍；二十六，去吊肉；

---

① 李金龙，冯雅男.中华武谚文化及其特征[J].上海体育学院学报，2015（6）：84—89.
② 于丹.于丹趣品人生[M].北京：中信出版社，2011：184.

二十七，宰只鸡；二十八，把面发；二十九，蒸馒头；三十晚上熬一宿，大年初一扭一扭"，另外还要接财、纳福、贴春联、祭拜先人等。现如今的春节早已没有了过去的年味。究其原因，当我们破除旧的仪式时并没有形成新的仪式。这样缺乏仪式感的春节自然也就让人感受不到年味了。

人生来就是具备仪式感的动物。仪式感这个听起来轻飘飘的词，早已深深镌刻进人类的文化基因。不是每个人都能不依赖任何外物，就明确自己的信念、目标与责任的。毕业典礼作为特殊时刻的青春仪式，则更有着强大的力量。毕业典礼提供的仪式感，赋予人告别学生时代的勇气，帮助我们感知着信念、意义和自身的力量。每到毕业季，各个学校毕业典礼总是引起关注成为新闻头条，大学校长们的讲话也会引发热议，并且成就网红校长，也有同学借此表白成就人生的幸福。毕业典礼已经不仅仅是宣告同学们完成了学业，而且还意味着同学们即将开始新的征程。这是一个庄严而又庄重的时刻，有固定的流程和内容，是应该在每一位参与者的记忆中留存的时刻。但是，就是在这样一个严肃而重要的时刻，每年都会有毕业生以各种理由缺席。对于参加毕业典礼的学生而言本应着正装，外套学位服出席。然而，有的同学并没有这样的意识，总是有人一身休闲装束进入会场，甚至脚踏人字拖，身穿短裤、T恤清凉出场，再套上一件学位服，不仅显得不合时宜，而且十分滑稽可笑。在仪式举行的过程中总有学生按捺不住来回走动，或独自或分组摆着各种姿势拍照，不仅扰乱会场秩序，也表现出对仪式的不尊重。此情此景发人深思，如此随意的行为怎能诠释仪式的意义，让心灵回首与新生？

仪式在中国传统文化中有着非常重要的地位。在古人看来，"国之大事，在祀与戎"。对于这些头等重要的事情，举行仪式是必不可少的。祭祀有祭祀的仪式，战争有战争的仪式。总之，各项活动通过严格的程式化的步骤，再衬托于相应的场景，使人产生强烈的内心感受。不仅是关系国运昌盛的大事要举行仪式，席间娱乐的游戏也离不开仪式。兴起于春秋战国时期的投壶，虽然是宴席间娱乐的游戏，但是却有着完整的仪式，对参与者的行为有着严格的规定和限制。《礼记·投壶》说："投壶者，主人与客燕饮讲论才艺之礼也"，规定了双方来宾"毋幠，毋敖，毋背立，毋逾言；背立逾言，有常爵"。意思是：不要喧哗，不要傲慢，不要背转身而立，不要远距离谈话。如果违反，必按规矩罚酒！《左传·昭公十二年》记载："晋侯以齐侯宴，中行穆子相，投壶。"在两国诸侯宴饮中也举行投壶，可见，投壶在春秋时代已成为一种正规仪式。投壶中还配以音乐施以投壶礼，据《东观汉记》记载："取士皆用儒术，对酒娱乐，必雅歌投壶。"投壶和雅歌连在一起，成为儒士生活的特征。"人们在投壶之礼中表现出的仪容仪态是符合礼仪对人的情感、气质的要求的，而动作节奏也是符合音乐旋律的，正所谓'其容体比于礼，其节比于乐'。整套礼仪过程既有等级秩序之分别、礼节仪容的优雅，又要有心气平和的心态、古乐节奏的艺术感受，从而产生一种'和谐'的仪式之感。"①司马光在《投壶新格》中说："投壶可以治心，可以修身，可以为国，可以观人。"②当一个普通的游戏被赋予礼仪、成为一种仪式的时候，它的价值和功能就不仅局限于娱乐了，而可以成为一种育人的手段，甚至上可安国下可为民。

在现代格斗项目中，如跆拳道、柔道、相扑等也都有相应的仪式，给人带来浓重的仪式感。尤其是带有一些神秘色彩的泰拳，在比赛前选手必须有祈祷仪式，上场时身披战袍，头戴花环，在音乐中走上拳台，敬神、礼师和漫舞。赛前的仪式虽然漫长，但选手却相当重视，选手要在心中宣誓忠国忠君，感谢师傅的传授之恩，并且祈求佛祖和神灵在拳台上保佑自己，虔诚地祈祷每一次的比赛能够平安归来。在王晓晨看来，泰拳的这种仪式符号是"对参与仪式者的规训"，"赛前仪式的理性教育是泰国文化与哲学的理性成分通过仪式符号得以延伸的一个动态过程，而泰拳手的理性增强是不断改造、从量变到质变的教育结果，所以审视仪式中的理性教育主要是窥探泰国文化与哲学中理性通过仪式的符号规训教育主体的过程"。③尽管泰拳的仪式来源于

---

① 崔露什. 仪式感的现代性阐释[D]. 陕西师范大学硕士学位论文，2012：15.
② 司马光. 投壶新格[M]. 民国刻郎园先生全书本.
③ 王晓晨，赵光圣，乔媛媛. 仪式·教育·人：泰拳赛前仪式的理性教育检视[J]. 上海体育学院学报，2015（4）：46—63.

神话，但是"没有神话的仪式代表着'仪式的仪式'，代表着举止和行为模式从它们功用性和目的性之中解放出来"[①]，"神话虽然不存在了，可是仪式的圣洁性还在"[②]。其实，仪式的象征意义远大于实际意义，它所营造出的氛围唤起了人们心中神圣、崇高的感情。

其实，在中国的传统武术中，择徒、拜师、练功、比武都是严格程式化的。以拜师为例："在注重礼法的传统社会中，拜师是一个极为慎重庄穆之事，其作用是让拜师者在经过了长时间考察后再一次产生强烈的精神感受。"[③]通常要经过引师、递帖、磕头立誓等程式化的仪式方可成为"入室弟子"，以获得学习某一师门"真传"的机会。这个看似烦琐的过程，实则是一个对习武者意志品质、人生态度的考察过程，同时也是对其施以武术礼文化影响的教育过程，使其在日后的习武过程具有良好的学习态度和学习热情。尽管传统的仪式未必都适合现代武术教育，由于时代的局限性存在着封建的、落后的内容，但是在任何时候仪式都有存在的价值和必要。学校武术教育需要通过一些程式化的仪式，使学生产生仪式感以激发正确的武术观。例如：规定各种详细的礼仪制度，通过场馆设施的设计、陈列营造氛围等。因为仪式感的植入，每一个生活细节都能触碰到学生的内心感受，生发出习惯养成的需要。随着长期的实践，这种内化需要终将成为外化的行为，成为学生的主体自觉。正如洛克曾经所说："儿童不是用规则教育可教育好的，规则总是被他们忘掉。你觉得他们有什么必须要做的事情，你应该利用一切时机，甚至在可能的时候创造时机，给他们一种不可缺少的练习，使之在他们身上固定起来。"那么，怎样的练习才是儿童乐于接受，并能乐此不疲地自觉练习成习惯呢？笔者认为，只有在生活细节中植入仪式感，让孩子们感觉这一刻与众不同，生发习惯养成的需要，习惯才可能在儿童心中生根。

---

① [意]马里奥·佩尔尼奥拉. 仪式思维[M]. 北京：商务印书馆，2006：38.
② [意]马里奥·佩尔尼奥拉. 仪式思维[M]. 北京：商务印书馆，2006：70.
③ 周伟良. 师徒论：传统武术的一个文化现象诠释[J]. 北京体育大学学报，2004（5）：583—588.

　　总之，营造具有仪式感的武术教育环境，需要从武术教育环境的硬件和软件全面考虑。通过软件和硬件的共同作用以构建具有仪式感的武术教育环境对于提高武术教育效果、实现武术教育目的是有积极意义的。仪式感融入武术教育有助于学生对武术素养形成清晰的认知，养成武术学习的习惯，提升武术道德和武术技能。同时，仪式感融入武术教育有利于引导教师尊重学生的主体差异，让习惯养成变得水到渠成。

第八章　结论与展望

第一节　结论

第一，研究认为：武术就是具有中国传统文化特点的攻防格斗的技术。这个定义揭示了武术的内涵，反映了武术的特有属性。攻防格斗的技术是武术邻近的属概念，中国传统文化特点是武术区别于其他攻防格斗技术的种差，具有中国传统文化特点的攻防格斗的技术是武术的本质属性。武术文化的学校传承就是指以武术学习为手段、以培养武术素养为目的的教育活动。学校武术文化传承的目的是培养具有武术素养的人。武术素养是指通过长期的武术练习，养成终身习武的习惯；掌握武术的理论知识与技能；在身体、心理和社会适应等方面展现出因习武而产生的良好状态。

第二，武术教育课程内容的设置应该分为三个层面：器物层面的知识技能；制度层面的行为习惯；精神层面的道德修养。三者的关系是相互融合、层层递进的，而非彼此割裂。学生通过掌握武术的知识技能，养成良好的行为习惯，形成高尚的道德情操。学校武术教育应加强武术礼文化的教育。武术礼文化包括武术礼仪与武术礼义两部分。武术礼义部分，即武德内容归属于精神层面的武术礼文化；武术礼仪部分的内容又可以划分为两个方面，即武术礼仪的相关制度与规范要求和武术礼仪中可见的事项或器物。在学校武术教育中，武术礼文化教育应该结合武术知识技能教育，贯穿于武术教育的全过程，最终使良好的行为习惯表现于习武者的日常生活的方方面面。此外，学校武术教育应担负起培育青少年尚武精神的使命，将培育尚武精神与武德教育相结合。尚武精神是指通过武术或武力活动所达到的一种被社会认可的精神境界。从历史发展的角度来看，我们认为用见义勇为精神来解释尚武精神是比较恰当的。

第三，学校武术文化传承方式应彰显武术文化的特点，正确选择和运用教育方法是有效完成武术文化传承任务、实现学校武术文化传承目标的重要保障。受中国传统思维方式的影响，武术文化以天人合一、内外兼修、体用兼备为指导思想，形成了"以武修道、由道统艺"的风格特征，在方式上注重直觉与体悟，形成了口传身授、自身体悟等特点鲜明的教育方法。在学校武术文化传承中可以合理地使用这些传统的教育方法以提高武术教育的质量与效果。

第四，在现阶段应通过多种渠道加强武术教师队伍建设，以应对学校武术教育的需求。积极开展在职武术师资培训，加强武术师范专业的建设以及与社会武术团体合作，都是推动学校武术师资队伍建设的重要手段。作为学校武术教师不仅要具备专业素养和教育技能，还要有高尚的道德情操和对武术教育事业的热爱。

第五，武术教育评价应该从武术知识技能、行为习惯、道德修养等做全面考核。同时应该注重评价对象的多元化和评价形式的多样化，将评价贯穿于整个教育过程，既要有结果评价，也要有过程评价。

第六，学校武术文化传承的环境应该是依托于武术教育活动的场景、礼仪、服饰、语言等诸客观条件和力量营造的具有仪式感的育人环境。通过程式化的仪式以规训学生的武术行为，使学生以虔诚态度积极主动地接受武术教育。最为关键的是，具有仪式感的育人环境可以使武术礼仪具体落实到武术教育的过程中，对学生武术素养的形成产生积极影响。

第二节 研究展望

2014年3月30日，教育部颁发的《关于全面深化课程改革落实立德树人根本任务的意见》中指出：在培育和践行社会主义核心价值观的过程中，要充分发挥中华优秀传统文化的育人作用，坚持"全面传承中华优秀传统文化"的教育方针，将中华优秀传统文化与基础教育深度融合作为保护和传承优秀传统文化的战略举措，突出强调要使学生具有中华文化底蕴，持续提升全社会道德水平及国家文化软实力，力求使立德树人的方向性、民族性和时代性更加鲜明。在此背景下，学校武术文化传承面临前所未有的发展机遇与巨大的发展空间。同时，随着我国教育改革的不断深入，学校武术文化传承必将受到越来越多的人关注。在一系列的改革措施中，不论是从宏观层面的政策制定，还是到微观层面的具体实施办法，学校武术都要在明确的目的引领下展开教育活动，明确的教育目的是武术实践的起点与归宿。学校武术文化传承作为学校教育的重要组成部分，既要服从于我国的教育方针、政策，同时又要突出自身的特色，以发挥武术在人的成长过程中的特殊作用，彰显武术文化在学校教育中的不可替代性。

本研究针对学校武术文化传承面临的困境进行了深入而理性的思考，通过明确学校武术文化传承目的，为学校武术教育发展提供了有益的思路。然而理性的思考和感性的实践相比还是有差距的，我们只能寻求二者的无限接近。本研究的结论在实践中还需要进行修正，毕竟"实践是检验真理的唯一标准"。此外，受制于本人的研究能力，本研究还有诸多需要完善的地方。例如：（1）对武术、武术教育等概念的重新定义有待于进一步得到实践的检验。（2）学校武术教育的实践是分层而且具体的，有大学、中学、小学、幼儿园之分，因而各个不同学段的学校武术教育目的、内容、方法等应有所区别；

不同省市的学校武术教育发展不平衡，制约的因素也有差异，不能一概而论。（3）理论是灰色的，实践之树常青。由于条件限制，没有能够进行大面积的实践考察，没有能对实践中的经验进行充分总结和归纳，因此，跟踪学校武术教育的实践将是本研究继续深入的内容。（4）本研究的完善需要具有国际视野。放眼世界，国外的类似理论与实践还有待于进一步深入学习和借鉴，如东亚的日本、韩国，东南亚的泰国、缅甸以及欧美国家都有本民族所推崇的具有民族特色的格斗技术。

参考文献

一、专著

[1] 贝尔纳·斯蒂格勒.技术与时间:爱比米修斯的过失[M].北京:译林出版社,2000.

[2] 陈青,孟峰年.学校民族传统体育[M].北京:人民体育出版社,2002.

[3] 辞海编辑委员会.辞海(1989年版)缩印本[S].上海:上海辞书出版社,1994.

[4] 戴国斌.武术:身体的文化[M].北京:人民体育出版社,2011.

[5] 戴国斌.中国武术的文化生产[M].上海:上海人民出版社,2015.

[6] 费尔巴哈.费尔巴哈哲学著作选集(下卷)[M].上海:三联书店,1962.

[7] 冯建军.当代道德教育的人学论域[M].福州:福建教育出版社,2015.

[8] 高晨阳.中国传统思维方式研究[M].北京:科学出版社,2012.

[9] 格林.教育就是培养习惯[M].北京:清华大学出版社,2013.

[10] 葛兆光.中国思想史·导论[M].上海:复旦大学出版社,2001.

[11] 国家体委体育文史工作委员会.中国近代体育文选[M].北京:人民体育出版社,1992.

[12] 国家体委武术研究院.中国武术史[M].北京:人民体育出版社,1997.

[13] 国家体育总局武术研究院.我国中小学武术教育改革与发展的研究[M].北京:高等教育出版社,2008.

[14] 怀特海.教育的目的[M].上海:文汇出版社,2012.

[15] 江百龙.武术理论基础[M].北京:人民体育出版社,1995.

[16] 金岳霖.形式逻辑[M].北京:人民出版社,1979.

[17] 荆惠民.中国人的美德:仁义礼智信[M].北京:中国人民大学出版社,2006.

[18] 康戈武 . 中国武术实用大全 [M]. 北京：今日中国出版社，1990.

[19] 夸美纽斯 . 大教学论 [M]. 傅仁敢，译 . 北京：教育科学出版社，2012.

[20] 雷海宗 . 中国文化与中国的兵 [M]. 北京：商务印书馆，2007.

[21] 李秉德 . 教学论 [M]. 北京：人民教育出版社，1991.

[22] 李金龙 . 论中西传统体育基本思维方式的特征 [M]. 北京：人民体育出版社，2002.

[23] 李尚卫，吴天武 . 普通教育学 [M]. 北京：北京师范大学出版社，2014.

[24] 李仲轩，徐皓峰 . 逝去的武林 [M]. 北京：当代中国出版社，2006.

[25] 栗胜夫 . 中国武术发展战略研究 [M]. 北京：人民体育出版社，2003.

[26] 刘俊骧 . 武术文化与修身 [M]. 北京：中央编译出版社，2008.

[27] 刘峻骧 . 东方人体文化 [M]. 上海：上海文艺出版社，1996.

[28] 刘树军 . 传统武德及其价值重建 [M]. 长沙：中南大学出版社，2007.

[29] 楼宇烈 . 中国的品格：楼宇烈讲中国文化 [M]. 北京：当代中国出版社，2007.

[30] 马丁·海德格尔 . 存在与时间 [M]. 陈嘉映，王庆节，译 . 北京：三联书店，2012.

[31] 马里奥·佩尔尼奥拉 . 仪式思维 [M]. 北京：商务印书馆，2006.

[32] 马明达 . 说剑论丛 [M]. 上海：中华书局，2007：261.

[33] 毛振明 . 体育教学论 [M]. 北京：高等教育出版社，2010.

[34] 牟宗三 . 中国哲学的特质 [M]. 上海：上海古籍出版社，1997.

[35] 彭林 . 彭林说礼 [M]. 北京：电子工业出版社，2011.

[36] 彭林 . 中国古代礼仪文明 [M]. 北京：中华书局，2013.

[37] 齐军 . 体育教学研究 [M]. 济南：山东人民出版社，2013.

[38] 邱丕相，蔡仲林 . 中国武术导论 [M]. 北京：高等教育出版社，2010.

[39] 邱丕相 . 中国武术史 [M]. 北京：高等教育出版社，2008.

[40] 邱丕相 . 中国武术文化散论 [M]. 上海：上海人民出版社，2007.

[41] 全国十二所重点师范大学联合编写组 . 教育学基础 [M]. 北京：教育科学出版社，
2002.

[42] 阮纪正 . 拳以合道：太极拳的道家文化探究 [M]. 上海：上海人民出版社，2009.

[43] 萨丕尔 . 萨丕尔论语言、文化与人格 [M]. 高一虹，译 . 北京：商务印书馆，2011.

[44] 沈寿. 太极拳谱 [M]. 北京：人民体育出版社，1991.

[45] 司马光. 投壶新格 [M]. 民国刻郎园先生全书本.

[46] 汤因比. 历史研究（下卷）[M]. 郭小凌，等译，上海：上海人民出版社，2010.

[47] 陶行知. 生活教育文选 [M]. 成都：四川教育出版社，1988.

[48] 王道俊，王汉澜. 教育学 [M]. 北京：人民教育出版社，1989.

[49] 王前. "道""技"之间：中国文化背景的技术哲学 [M]. 北京：人民出版社，2009.

[50] 王治东. 技术的人性本质探究 [M]. 上海：上海人民出版社，2012.

[51] 温力. 武术与武术文化 [M]. 北京：人民体育出版社，2009.

[52] 温力. 中国武术概论 [M]. 北京：人民体育出版社，2005.

[53] 叶澜. 教育概论 [M]. 北京：人民教育出版社，2003.

[54] 佚名. 世界教育概览 [M]. 北京：知识出版社，1980.

[55] 于丹. 于丹趣品人生 [M]. 北京：中信出版社，2011.

[56] 郁振华. 人类知识的默会维度 [M]. 北京：北京大学出版社，2012.

[57] 约翰·洛克. 教育漫话 [M]. 北京：教育科学出版社，2012.

[58] 张岱年. 中国思维偏向 [M]. 北京：中国社会科学出版社，1991.

[59] 张华龙. 体悟教育研究 [M]. 北京：教育科学出版社，2009.

[60] 张继生. 中华武术礼仪 [M]. 北京：中国旅游出版社，2012.

[61] 张山. 中国武术大百科全书 [M]. 北京：中国大百科全书出版社，1998.

[62] 郑旭旭，袁镇澜. 从术至道：近现代日本武术发展轨迹 [M]. 厦门：厦门大学出版社，2011.

[63] 中国社会科学院语言研究所词典编辑室. 现代汉语词典 [M]. 北京：商务印书馆，2011.

[64] 中华人民共和国教育部高等教育司. 普通高等学校本科专业目录和专业介绍 [M]. 北京：高等教育出版社，2012.

[65] 周国平. 周国平论教育 [M]. 上海：华东师范大学出版社，2011.

[66] 周伟良. 行健放歌：传统武术训练理论的文化诠释 [M]. 兰州：甘肃文化出版社，2005.

二、期刊、报纸

[1] 《关于学校武术教育改革和发展的研究》课题组.改革学校武术教育 弘扬中华民族精神 [J].中华武术,2005(7).

[2] 《关于学校武术教育改革与发展的研究》课题组.我国中小学武术教育状况调查研究 [J].体育科学,2009(3).

[3] 蔡宝忠.从甲骨文"武"字的含义到现代意义的武术概念 [J].沈阳体育学院学报,2005(2).

[4] 蔡宝忠.学校武术教育的现状:"有米难为无巧妇之炊" [J].中国学校体育,2007(5).

[5] 蔡建丰.武术概念的广义阐释 [J],搏击(武术科学),2010(3).

[6] 蔡仲林,施鲜丽.学校武术教学改革的指导思想:淡化套路、突出方法、强调应用 [J].上海体育学院学报,2007(3).

[7] 柴广新,孙有平,杨建营.我国中小学武术教育改革新思想探析 [J].上海体育学院学报,2019(4).

[8] 陈飞,王晓东,杨建营.人类生存视域下武术课程的改革与反思 [J].沈阳体育学院学报,2018(5).

[9] 陈青,张建华,常毅臣,王增喜.民族体育的身体行为研究 [J].上海体育学院学报,2016(4).

[10] 程大力.论武术文化的内涵与外延 [J].搏击(武术科学),2011(1).

[11] 戴国斌,刘祖辉,周延."锻炼行道,练以成人":中国求道传统的武术文化实践 [J].体育科学,2020(2).

[12] 戴国斌.体悟:对武术的解释 [J].武汉体育学院学报,2001(1).

[13] 戴国斌.中国武术教育"格拳致知"的文化遗产 [J].体育学刊,2017(3).

[14] 刁方林,杨利军,方亚冰.新时期学校武术发展的思考[J].内蒙古财经学院学报(综合版),2011,9(3).

[15] 董新伟,王智慧.体育全球化背景下学校武术发展的影响因素与应对策略 [J].体育

与科学，2010（2）.

[16] 樊花梅."现象学精神"对当代中国武术教育发展的启示 [J]，体育学刊，2011（3）.

[17] 冯香红，杨建英，杨建营.张之江武术思想的主旨及其当代价值 [J].北京体育大学学报，2018（11）.

[18] 郭玉成.中国民间武术的传承特征、当代价值与发展方略 [J]，上海体育学院学报，2007（3）.

[19] 洪春华，周文.止戈为武：从《诗经》战争诗歌看先秦之尚武精神 [J]，咸宁学院学报，2003（2）.

[20] 洪浩，田文波.现代化进程中武术教育新理念与体系重构 [J].武汉体育学院学报，2013（11）.

[21] 洪浩.武术段位制引入中小学教学必要性研究 [J].北京体育大学学报，2010（7）.

[22] 吉洪林，张峰.武术教育改革的实践困局与破解路径：基于利益相关者的视角分析 [J].武汉体育学院学报，2020（6）.

[23] 康德强.当代中小学武术教育的文化使命 [J].教学与管理，2012（27）.

[24] 康戈武.关于武术本体的认识及对武术学科建设的思考 [J].成都体育学院学报，2018（6）.

[25] 康戈武.从全球化视角探讨武术教育的生存与发展 [J].体育文化导刊，2006（10）.

[26] 赖锦松，余卫平.大武术观指导下学校武术师资的培养路径探析：以广东省为例 [J].体育研究与教育，2014（5）.

[27] 朗勇春，张文涛，李伟艳.当代学校武术教育的失范与矫治 [J].上海体育学院学报，2011（5）.

[28] 雷鸣.武术文化的个体享用功能及实现途径 [J].体育学刊，2007（9）.

[29] 黎桂华.我国青少年武术教育现状的调查研究 [J].武汉体育学院学报，2009（3）.

[30] 李富刚，徐琳琳，季浏.对学校武术教学内容的反思 [J].西安体育学院学报，2014（5）.

[31] 李金龙，冯雅男.中华武谚文化及其特征 [J].上海体育学院学报，2015（6）.

[32] 李金龙，宿继光，李梦桐.由技进道：我国学校武术教育转型发展的出路 [J].武汉

体育学院学报, 2014(11).

[33] 李金龙, 宿继光, 李梦桐. 中国武术礼文化及其传承与发展研究 [J]. 山西大学学报（哲学社会科学版）, 2014(4).

[34] 李金龙, 宿继光. 我国学校武术教育的目标思考 [J]. 搏击（武术科学）, 2012(6).

[35] 李为民. 论教育环境对人的能力形成和发展的影响 [J]. 中南民族大学学报（人文社会科学版）, 2002(8).

[36] 刘保刚. 试论近代中国的侠义精神 [J], 郑州大学学报（哲学社会科学版）, 2013(2).

[37] 刘彩平, 徐伟军. 整体思维视野下的武术及学校武术教育 [J]. 山东体育学院学报, 2011(1).

[38] 刘朝霞. 北京市普通高校武术教师的现状分析及发展对策研究 [J]. 北京体育大学学报, 2006(10).

[39] 刘宏伟, 姜娟. 武术传统训练相关问题研究 [J]. 沈阳体育学院学报, 2003(3).

[40] 刘健, 丁保玉. 武术文化融入思政教育价值诠释与实践路径 [J]. 体育文化导刊, 2021(12).

[41] 刘淑慧. 高校开展武术段位制教学课程的可行性研究 [J]. 广州体育学院学报, 2013(2).

[42] 刘文武, 戴国斌. 武术教育改革三题: 文化·兴趣·掌握 [J]. 北京体育大学学报, 2019(8).

[43] 刘文武, 王裕桂. 论竞技武术发展和传承武术技击性的途径 [J]. 山东体育学院学报, 2011(11).

[44] 刘文武. 武术基本理论问题反思 [J]. 体育科学, 2015(3).

[45] 刘文武. 武术专业人才培养技能教育改革: 制度屏障与跨越路径 [J]. 天津体育学院学报, 2021(6).

[46] 刘文武. 传统武术进入我国学校系统的必要性及其途径研究 [J]. 北京体育大学学报, 2013(1).

[47] 刘文武. 武术教学与体育项目教学的区别 [J]. 北京体育大学学报, 2015(10).

[48] 卢元镇 . 中国武术竞技化的迷途与困境 [J]. 搏击（武术科学），2010（3）.

[49] 麻晨俊，高亮 . 中央国术馆武术教育考述 [J]. 体育文化导刊，2019（8）.

[50] 麻晨俊，汤卫东，高亮 . 中央国术馆武术教学模式及启示 [J]. 体育学研究，2021（2）.

[51] 马佩，杨刚，姜传银 . 衰微与重塑：论古今之尚武精神 [J]. 体育文化导刊，2018（3）.

[52] 马文国 . 文化安全视野下中国武术的当代教育使命 [J]. 西安体育学院学报，2009（1）.

[53] 马文友 . "全人教育"理念下高校武术教学改革的理论设计与实践路径 [J]. 南京体育学院学报，2020（9）.

[54] 毛海涛，等 . 析中华传统武术的礼仪教育 [J]. 北京体育大学学报（增刊），2007（3）.

[55] 毛海涛，刘树军 . 传统武术礼仪教育的文化学思考 [J]. 广州体育学院学报，2006（3）.

[56] 彭芳，吕韶钧，等 . 武术拳种的理论阐析 [J]. 北京体育大学学报，2009（9）.

[57] 彭国强，杨建营 . 学校武术教育研究反思与发展方向寻绎 [J]. 成都体育学院学报，2021（6）.

[58] 彭鹏，尹碧昌，郑锋 . 学校武术教育的发展审视 [J]. 武汉体育学院学报，2019（12）.

[59] 邱丕相，戴国斌 . 弘扬民族精神中的武术教育 [J]. 哈尔滨体育学院学报，2005（3）.

[60] 邱丕相，马文友 . 武术的当代发展与历史使命 [J]. 体育学刊，2011（3）.

[61] 邱丕相，王国志 . 当代武术教育改革的几点思考 [J]，体育学刊，2006（2）.

[62] 邱丕相 . 对武术概念的辨析与再认识 [J]. 上海体育学院学报，1997（2）.

[63] 阮纪正 . 武术：中国人的存在方式 [J]. 开放时代，1996（3）.

[64] 苏肖晴，李一平，施文忠 . 试论"文革"时期中国武术发展的特征 [J]. 武汉体育学院学报，1999（6）.

[65] 宿继光 . 浅析武术文化在学校教育中对培养学生健全人格的作用 [J]. 搏击（武术科学），2004（2）.

[66] 宿继光.学校武术教育发展的路径探析[J].搏击（武术科学），2011（6）.

[67] 孙刚.新时期中小学武术教育的文化使命与实践策略[J].当代教育科学，2014（12）.

[68] 孙文.精武本纪序[J].体育文史，1983（1）.

[69] 王岗，郭海洲.传统武术文化在武术现代化中的价值取向[J].广州体育学院学报，2006（3），75—78.

[70] 王岗，邱丕相.重构中国武术教育体系的理论研究[J].上海体育学院学报，2008（3）.

[71] 王岗，郑晨.新时代中国武术优秀文化的现代化创新论说[J].首都体育学院学报，2022（2）.

[72] 王岗.质疑："技击是武术的本质特征"[J].北京体育大学学报，2009（1）.

[73] 王岗.中国武术：一种追求教化的文化[J].体育文化导刊，2007（3）.

[74] 王岗.中华武术：一个被忽视的活态文化传统[J].搏击（武术科学），2007（3）.

[75] 王宏，程瑾瑜，郑薇娜.论学校武术在爱国主义精神培育中的使命[J].体育文化导刊，2018（4）.

[76] 王龙飞，王凯.论我国传统武术文化发展的影响因素与空间模式[J].南京体育学院学报，2022（1）.

[77] 王明建.武术教育价值的重审与再释[J].成都体育学院学报，2010（12）.

[78] 王巍堡，杨豆豆，康涛.论传统武术教育中的文化冲突[J].广州体育学院学报，2021（6）.

[79] 王晓晨，赵光圣，乔媛媛.仪式·教育·人：泰拳赛前仪式的理性教育检视[J].上海体育学院学报，2015（4）.

[80] 王晓晨，赵光圣，张峰.回归原点的反思：中小学武术教育务实推进研究[J].天津体育学院学报，2014（3）.

[81] 王玉民.目的论[J].科研管理，1996（2）.

[82] 温雪梅，孙俊三.论教育评价范式的历史演变及趋势[J].现代大学教育，2012（1）.

[83] 武冬，吕韶钧.高等学校武术课程体系改革研究[J].北京体育大学学报，2013（3）.

[84] 武英满.关于北京非体育类高校武术课程现状及改革研究 [J].中国劳动关系学院学报,2015(3).

[85] 谢广田,蔡宝忠.论中华民族的"尚武精神":近代著名教育家、思想家、政治家的武术观 [J],搏击(武术科学),2005(1).

[86] 谢洪.浅析高校武术的教育价值 [J].搏击(武术科学),2009(7).

[87] 徐才.探索武术世界的奥秘 [J].现代中国,1991(9).

[88] 许江,司幸伟.学校武术教育改革的文化使命 [J].搏击(武术科学),2008(11).

[89] 薛欣,高永强.新时代"课程思政"理念下学校武术教育的回归与定位 [J].南京体育学院学报,2019(5).

[90] 闫书广.素质教育实施的路径之一:行为习惯养成教育 [J].教育理论与实践,2011(2).

[91] 杨建英,杨建营,徐亚奎.学校武术教育的发展轨迹探析 [J].北京体育大学学报,2017(7).

[92] 杨建营,冯香红,徐亚奎,董翠香.体育教育专业武术理论课程思政元素及教学案例解析 [J].武汉体育学院学报,2021(5).

[93] 杨建营,邱丕相,杨建英.学校武术的定位及其教育体系的构建 [J].山东体育学院学报,2008(9).

[94] 杨建营,邱丕相.从武德的实质和精神内核探析当代武术教育改革 [J].沈阳体育学院学报,2009(3).

[95] 杨建营,王水利.中国武术的文化精神研究 [J].武汉体育学院学报,2019(3).

[96] 杨建营.基于民族复兴目标的武术教育之价值定位:培育刚健自强精神 [J].天津体育学院学报,2021(3).

[97] 杨建营.基于民族复兴目标的学校武术传承体系研究 [J].体育科学,2020(11).

[98] 杨建营.当代2种典型武术教育改革理念之冲突解析 [J].首都体育学院学报,2015(6).

[99] 杨建营.普通学校武术教育改革理念探析 [J].沈阳体育学院学报,2016(4).

[100]杨建营.体育院校武术专业技术课程改革理念探析 [J].体育科学,2018(12).

[101]杨建营.武术新定义存在的问题及修正途径探析[J].体育学刊,2014(1).

[102]杨亮斌,郭玉成.课改背景下武术课程改革的成效、挑战与构想[J].体育学刊,2018(3).

[103]杨旭峰.基于功能嬗变的角度论我国当代学校武术教育[J].山东体育学院学报,2011(4).

[104]虞泽民,李英奎.新时代中国武术价值定位与发展路径[J].体育文化导刊,2021(3).

[105]喻坚."立德树人"教育理念下的体育教育专业人才培养新探[J].中国学校体育,2014(4).

[106]袁金宝.概念、内涵、困境:当代中国武术文化形象的多维解构[J].武汉体育学院学报,2020(3).

[107]袁伟静.武术对大学人文教育的价值思考[J].搏击(武术科学),2007(10).

[108]张婵,谭飞,王岗.中国武术助力"德智体美劳"教育体系建构的理论审视[J].天津体育学院学报,2021(6).

[109]张德良,石萌,张峰,等.回归武术之本真:再论我国学校武术课程设计[J].首都体育学院学报,2015(3).

[110]张峰,石萌,张德良,葛书林.学校武化教育的目标定位[J].上海体育学院学报,2018(4).

[111]张江华.起点即终点:武术发展的知识向度[J].体育科学,2012(5).

[112]张久超,蔡仲林.对武术概念的再认识[J].四川体育科学,2004(2).

[113]张世平.论尚武精神[J].政工学刊,2006(1).

[114]赵光圣,戴国斌.我国学校武术教育现实困境与改革路径选择[J].上海体育学院学报,2014(1).

[115]周伟良.简论传统武术的直觉体悟[J].中华武术研究,2012(3).

[116]周伟良.师徒论:传统武术的一个文化现象诠释[J].北京体育大学学报,2004(7).

[117]朱永杨,代国.学校武术教育的时代诉求[J],中华武术研究,2011(3).

[118]民国日报社.中央国术馆年终考试[N].民国日报,1930-12-29.

三、学位论文

[1] 程世帅.论中国武术礼仪文化的缺失与回归 [D].湖南师范大学硕士学位论文，2012.

[2] 崔露什.仪式感的现代性阐释 [D].陕西师范大学硕士学位论文，2012.

[3] 胡平清.武术教育在学校体育中的功能研究 [D].北京体育大学博士学位论文，2013.

[4] 李龙.历史学视野下的中国武术教育 [D].上海体育学院博士学位论文，2008.

[5] 李印东.武术释义 [D].北京体育大学博士学位论文，2006.

[6] 刘彩平.当代学校武术教育价值刍论 [D].北京体育大学博士学位论文，2010.

[7] 武冬.体育教育专业武术课程教学内容和方法改革的研究 [D].北京体育大学硕士学位论文，2006.

四、其他文献

[1] 教育部.普通高等学校本科体育教育专业主干课程教学指导纲要 [S].2004.

[2] 习近平.抛弃传统、丢掉根本就等于割断了自己的精神命脉 [EB/OL].http：//www.hxw.org.cn/html/article/info288.html.

[3] 王芗斋.拳道中枢 [A].姚宗勋.意拳.附录.

[4] 蒋廷玉，王拓.武术"普进校园"，师资从哪里来 [EB/OL].http：//xh.xhby.net/mp2/html/2014—03/20/content_971572.htm.